अदनान कफ़ील दरवेश

अदनान कफ़ील दरवेश का जन्म 30 जुलाई, 1994 को ग्राम गड़वार, ज़िला बलिया, उत्तर प्रदेश में हुआ। दिल्ली विश्वविद्यालय से कम्प्यूटर साइंस में ग्रेजुएशन करने के बाद अदनान ने जामिया मिल्लिया इस्लामिया से हिन्दी साहित्य में एम.ए. किया। अब वहीं से पी-एच.डी. कर रहे हैं। उनका एक कविता-संग्रह 'ठिठुरते लैम्प पोस्ट' 2022 में प्रकाशित हुआ। कविताओं के अंग्रेज़ी, स्पेनिश, मराठी, कन्नड़, बांग्ला तथा उड़िया अनुवाद प्रकाशित हुए हैं।

उन्हें 'भारतभूषण अग्रवाल पुरस्कार' (2018) से सम्मानित किया गया है।

ई-मेल : thisadnan@gmail.com

नीली बयाज़

अदनान कफ़ील दरवेश

राजकमल पेपरबैक्स

राजकमल पेपरबैक्स में
पहला संस्करण : 2024

राजकमल पेपरबैक्स : उत्कृष्ट साहित्य के जनसुलभ संस्करण

राजकमल प्रकाशन प्रा. लि.
1-बी, नेताजी सुभाष मार्ग, दरियागंज
नई दिल्ली-110 002
द्वारा प्रकाशित

शाखाएँ : अशोक राजपथ, साइंस कॉलेज के सामने, पटना-800 006
पहली मंजिल, दरबारी बिल्डिंग, महात्मा गांधी मार्ग, प्रयागराज-211 001
1, अनमोल सोराबजी सन्तुक लेन, धोबी तलाव, मरीन लाइंस, मुम्बई-400 002
वेबसाइट : www.rajkamalprakashan.com
ई-मेल : info@rajkamalprakashan.com

विकास कम्प्यूटर एंड प्रिंटर्स
ट्रॉनिका सिटी-201 102
द्वारा मुद्रित

मूल्य : ₹250

NEELI BAYAAZ
Poems by Adnan Kafeel Darwesh

ISBN : 978-93-6086-617-4

चचा मसऊद अख़्तर
और हिना बाजी के लिए

यह किताब उनके लिए, जिनकी नीली बयाज़ें गुम हो गईं... जब वे एक दिन काले सायों की गिरफ़्त में आकर, बमुश्किल आज़ाद हुए थे और जो अब भी इतनी मामूली ज़िन्दगियाँ जीते हैं कि हँसते हुए अब बस फ़रिश्ते लगते हैं और वो इस बात से पूरी तरह अनजान हैं कि उनके साथ माज़ी में क्या-क्या सितम हुए थे और आइन्दा उनके ऊपर कौन-कौन से ज़ुल्मों के पहाड़ अभी टूटने बाक़ी हैं...

My only regret is that I am not a child, for that would allow me to believe in my dreams and believe that I am not mad, which would allow me to distance my soul from all those who surround me...

—Fernando Pessoa

क्रम

भूमिका

कविता, एक अँधेरी गली में उड़ता हुआ धूप के रूमाल का एक टुकड़ा। कविता, पहाड़ी के उस पार से लौटती अपनी ही आवाज़। कविता, भाषा के लिबास में एक पूरा-पूरा इंसान। कविता, गले में फँसा एक नुकीला एतराज़। कविता, ख़ून में रवाँ एक गर्म गोला। कविता, आकाश में टूटते तारे की लकीर-सा। कविता, अँधेरे में कुछ जोहते हाथ की तरह। कविता, हाथ में लिये हमारी ही उलटी तस्वीर। कविता बिना मूठ की तलवार।

भाप की तरह अनजान प्रदेश से उठती रहती है कविता। जितनी ज़िन्दगी में उलझनें हैं उतनी ही उलझनें हैं कविता में भी। कविताएँ आती हैं मेरे पास मुझे जगाने, उठाने, सुलाने और उड़ाने के लिए। वे कान की लवों को गर्म करती हुई, कुछ कहती हैं सरगोशियों में। मैं बस उनके इमले दुरुस्त करता हूँ। या एक जिल्दसाज़ की तरह ख़ूबसूरत जिल्द तैयार करता हूँ उनके लिए या बस सूखे पत्तों से उन नंगी आवाज़ों को ढक देता हूँ जो मेरी तरफ़ बेचारगी से देखती हैं।

अक्सर कविताएँ लिखते-लिखते, कत्बे लिखने लगता हूँ। मैं दरअस्ल एक संगतराश हूँ जिसे फूल की छेनी से मुजस्समे तराशने होते हैं। अकसर कविता लिखकर ये महसूस किया कि ये आख़िरी ही होगी लेकिन जैसे हर साँस के बाद चली आती है दूसरी साँस, वैसे ही आ जाती है कविता। कुछ सुनने, कुछ सुनाने और कभी-कभी शहरे-ख़मोशाँ में मेरे साथ-साथ बग़लगीर हो चलने के लिए, जहाँ मैं अपनी ही शक्ल तलाशता हूँ। भाषा की नदी के तट पर

है मेरी कविताओं की ख़ानक़ाह जिसे नद्दी का पानी बरसातों में तबाह कर देता है। कविता ताज है काँटों भरा जिसे अब उतारना नामुमकिन लगता है। कविता एक सलीब है जिसे उठाए चलता हूँ अपने ही अन्त की ओर, डगमग। कविता वो क़ब्रिस्तान है जहाँ बेशुमार क़ब्रें हैं जिनमें मैं दफ़्न किया गया।

कविता कोई जंग का मार्का नहीं बल्कि मेरे नालों की दलील है, मेरे क़दमों की आहट है, जो ख़ाब से धुली पलकों की तरह पाक और अपनाइयत से भरी गर्म हथेलियों की तरह नर्म है। कविता शब्दों की बाज़ीगरी नहीं एक जलसाघर है जहाँ शब्द, मोम की तरह जल-जल बुझ जाते हैं और उनके धुएँ से प्रस्फुटित होती है कविता। कविता मेरी बेचैनी और मेरी बेदारी दोनों का ही सुबूत है। कविता पेटभरे का खाना नहीं जिसमें गिरा एक बाल उबकाई लाता है बल्कि कविता उन आँसुओं की तरह मुक़द्दस है जो दुआ में उठे हाथ में अक्सर चू पड़ते हैं।

इस संग्रह की कविताएँ पिछले संग्रह की कविताओं की तरफ़ ऐसे ही देख रही हैं जैसे एक शख़्स चाँदनी रात में एक अन्धे कुएँ में झाँकता हो और बस उसे एक ठंडी सतह का कम्पन महसूस होता हो। इस संग्रह की कविताएँ दस्ते-क़ातिल को जब चूमती हैं तो उनके मुँह से ख़ून बह रहा होता है और उस हाथ पर कोई पुरानी तारीख़ का टैटू, अपने धुँधलेपन के बावजूद, साफ़ झलक जाता है जिसमें एक झील का दायरा चमकता है जिसमें हमने अपने दिलफ़रेब ख़ाब और अपने हमराह दोस्तों के नाम एक 'नीली बयाज़' में लिखकर बहा दिए थे।

29 अगस्त, 2023 **अदनान कफ़ील दरवेश**
दिल्ली

रात

रात की काली झील
मेरे सिरहाने से टकराती है
मेरे बालों को भिगोती हुई
रात में समा जाती है...

रात के जंगल में
रात के हैं पेड़
और रात के दरिंदे
और रात का चाँद भी

रात की दीवार पर
उभरते हैं रात के नक़्श...

रात में होती हैं
रात की छायाएँ...

रात एक मशीन है
जो सिर्फ़ रात उगलती है...

रात की छत से
रात टपकती है...

रात के दहाने से
उठता है रात का धुआँ...

रात की खाल से
रात ही उधड़ती है

रात के चूल्हे में
रात ही सुलगती है

रात की हंडिया में
रात ही उबलती है...

रात के मुँह से
रात ही निकलती है...

रात लड़खड़ाती है
रात की छड़ी लिये

रात में है
रात की झनझनाती आवाज़...

रात में होती है
रात ही ख़ास

मेरे तकिये में है रात
उसमें बहुत सारी रातों की रात

मेरी आँखों में
हर रात की कई-कई रातें हैं
बहुत सारी रातें हैं

मेरे दिमाग़ में
मेरे दिल में
मेरी हड्डियों में
गोया मैं रात का सन्दूक़ हूँ
बेशुमार रातों से भरा...

रात की तह में है दिन
किसी मोती की तरह
पोशीदा

रात की लकड़ी को
सुब्ह की चमचमाती कुल्हाड़ी
चीरती है
जिसमें से बेशुमार चमगादड़ों की तरह
निकलती हैं रातें

हम भटक रहे हैं
बहुत देर से
रात के आईने में...
मुमकिन है
हम एक रात से निकलकर
दूसरी काली रात में दाख़िल हों

हम रात के रेगिस्तान में
रात के क़ाफ़िले के पीछे
रात के जरस के साथ
रात के ऊँटों पर
रात के महमिल में
रात के शहर को कूच कर रहे हैं...

रात में
रात के डाकू
उड़ाते हैं रात का ख़ज़ाना

रात एक बेमिसाल ग़फ़लत है
एक उस्तरा
एक तलवार
एक दस्ताना
एक नक़ाब
एक जादू...

रात के गले से
रिसता है रात का ख़ून...

बहुत सारी रातें हैं यहाँ
जुगनुओं की तरह टिमटिमातीं
क़ब्रिस्तान में
श्मशान में
बहुत सारी रात होगी
मेरी आगामी चिता में
मेरी क़ब्र में
जिसमें छिपा होगा
कोई न कोई
दिन का सुराग़।

[2023]

पहली बारिश

[चितरंजन पार्क की एक याद]

बारिश में धीरे-धीरे भीगती हैं
उनकी बेचैन परछाइयाँ...

रात
ख़ुश्बू की पालकी पर
तफ़रीह को निकली है...

हवा शाख़ों और पत्तों से ऐसे उलझ रही है
जैसे सदियों बाद मिल रही हो
और उसे कहनी हो
कोई बहुत-बहुत लम्बी कहानी...

भीगती सड़क पर बारिश का जादू
छाता चला जा रहा है
जिसमें एक अनोखा मुलायम रम्ज़ है

जैसे ये मध्यवर्गीय क़स्बा
एक उपन्यास के पहले बाब की तरह
अचानक हवा से खुल गया हो
जिसमें दो किरदार

अचानक से ज़िन्दा हो गए हैं
और जिनकी गीली परछाइयाँ
एक उथले गड्ढे में
ख़ामोशी से काँप रही हैं...

ये मौसम की पहली बारिश है।

[2023]

पुश्तैनी घर

वो जर्जर बेडौल घर
अब किस करवट सोता है!
एक घायल परिंदे की तरह
अपने ज़ख़्म चाटता, अपने पर झिटकता...

क्या उसे भी रात में ख़ाब आते होंगे
जो उसे बेचैन करते होंगे मेरी तरह?

क्या उसके सामने
नीम और अनार के दरख़्तों की पुरसुकून यादें
और वो ख़ुशहाल समय
पुराने दिनों का तिलिस्म नहीं खड़ा करते होंगे?

साल-दर-साल हमारी विपत्तियों
और मामूली ख़ुशियों का गवाह रहा आया
वो बूढ़ा घर
क्या अब चैन से सोता होगा
चादर तान कर?
कि मरें, जिन्हें मरना था
दफ़ा हों, जिन्हें होना था
अब मैं हूँ और मेरी ये गुमशुदा दुनिया

ये धूल और ये जाले
और ये समय की मोटी कालख...

क्या अब भी उसकी मुँडेरों पर
कव्वे झगड़ते होंगे?

क्या रात में सुनहरे परों वाली परियाँ
बाम पर उड़ती आती होंगी?

क्या देव-क़ामत इब्लीस
अपनी चमकती तलवार से
उसे डराता होगा?
क्या उसे वो मकीन याद होंगे
जिनके जनाज़े देखते हुए
उसके हाथ-पाँव सुन्न पड़ गए थे?

क्या धूप और बारिश
और चाँदनी की इबारतें
उसे कोई नया ख़ाब देते होंगे?

क्या उसे रात को प्यास
और पेशाब की हाजत परीशान करती होगी?

क्या वो हमें सुबकते हुए, दुआएँ देता होगा?
कि हम उसे ठीक ही छोड़ आए
अब उसके पास बचा ही क्या था हमें देने को
सिवाय इसके
कि हमारी महरूमियों
और हमारे बुरे दिनों की अनंत कथाएँ
वो हमें एक ही अन्दाज़ में रोज़ सुनाता

जिसे सुनते-सुनते अब हम
निढाल हो चुके थे
और वो देहाती पड़ोस
अब हमें अजनबी मालूम पड़ने लगा था
जहाँ हम अब
कभी नहीं लौटना चाहते।

[2022]

शबे-माहताब में

[बुद्ध पूर्णिमा पर]

किसी ज़रूरी बहस के बीच उलझा है
आज का चाँद
गली में छाए अनगिनती तारों के साथ

शोशम के पत्तों की तरह
आहिस्ता-आहिस्ता
चमकता है चाँद
हाथ डुलाता
मुस्काता...

सुदूर अतीत पर
पड़ती है उसकी घनी छाया...

मैं कहता हूँ : आ रहा हूँ! आता हूँ!
और घड़ी की दोनों सुइयाँ
कर देती हैं पैरों को लहूलुहान।

[2023]

घड़ी

सब इतना शांत
इतना स्थिर
इतना ठैरा
रात सिमटती है रात में
सितारे अपनी ही ओट में
जैसे अफ़सोस; अफ़सोस के भीतर
इच्छाएँ; इच्छाओं के वर्तुल में
राख अस्थियों में
भाषा, भाषा के कोण में
अँधेरा, अँधेरे में—
(अपनी ही साँस वापिस लौटती हुई)

धुँधलके में कहीं से निकलती है बिल्ली
किसी रेलिंग पर टहलती हुई...
(भंग करती हुई इस अपरिमित वैभव को)
और घड़ी के हाथ में
उसके पाँव और नाख़ून
घड़ी की शक्ल में
उसके खिंचे से दाँत!

[2021]

ख़त

मैं रोज़ याद करता हूँ तुम्हें
मैं रोज़ लिखता हूँ तुम्हें
एक ख़त
लेकिन किसके हाथों
सौंपूँ उसे
समझ नहीं पाता...

हवा, तुम ले जाओगी क्या ये ख़त?
समय, तुम तो पहुँचा सकते हो ये ख़त?
पानी, तुम ले जाओगे क्या ये ख़त?
मट्टी, क्या तुम पहुँचा दोगी, उस तक मेरा ये ख़त?

गीले शब्दो!
तुम सफ़्हे से उठकर
कहाँ चल दिए?
क्या तुम भी नहीं सौंपोगे
उसे मेरा ये ख़त?

[2023]

घरेलू चीज़ें

धड़कता है बिस्तर
तेज़-तेज़
धड़कती है चादर
मद्धम
और अलमारी
हौले से
और मेज़
रह-रह कर
और वो सफ़ेद डोरी
बेआवाज़
और चम्मचें, तश्तरियाँ, कटोरियाँ, रकाबियाँ
मीठे-मीठे
और तकिया
तो सबसे ज़्यादा
धक् धक्...

लेकिन उन्हें चलते-फिरते
नहीं देखा कभी

जब भी हुआ मैं उनसे दूर
किसी और जगह

किसी और आसमान के नीचे
या किसी और दुनिया में
मैंने उन्हें शिद्दत से याद किया
और जब लौटा उनके बीच
वे धड़के
पहले की ही तरह
जिसे मैं, और केवल मैं ही
सुनता हूँ
महसूस करता हूँ
क्योंकि मैं उन्हें बेहद, बेहद प्यार करता हूँ।

[2021]

पिता की लाल छड़ी

संतरे-सा फूला सालिम दिन
अमरूद-सी ख़ुश्बुओं वाली कोमल रात
दराज़ में भरी सुकूनदेह शाम
एक सुस्ती और ख़्वाब-सी नींद
हाथ में पकड़े बोसीदा हरा लैम्प
पिता के जूतों में डाले पाँव
लड़खड़ाता—उनकी लाल छड़ी लिये
लम्बे-लम्बे सुनसान वाक्यों में...

[2023]

सुनहली हँसिया

मैं सींचता हूँ सारी रात
अपने बिस्तर को
आँसुओं से
तुम्हारी निश्तर-सी याद में
फटते हैं दिल के बादल
और होती है तेज़ बौछार पानी की
जिसकी हर बूँद में छपा है तुम्हारा अक्स
तुम्हारा ही चेहरा

मेरे बिस्तर में सुबह-सुबह
उग आते हैं
ढेर सारे पीले-पीले फूल
जिन्हें काट ले जाता है सूरज
अपनी सुनहली हँसिया से
हर रोज़...

[2022]

जैसे

दिन एक मरियल खच्चर
            सामान ढोता
दोपहर एक सुस्त भूखा कुत्ता
            रह-रह के भौंकता
शाम कई सूँड़ों वाला हाथी
                  ठुमकता
रात झुंड हिरनों का
चाँद एक ठंडी सफ़ेद झील
तुम और मैं
आ का श में
        पुच्छल तारों की तरह
              टूटते
                    तिरछी लकीरों में...

[2023]

मक़बरे में सन्तूर

मक़बरे में भरा है कोमल अँधेरा
जिसमें गूँजते हैं तुम्हारे स्वर
ताज़ी हवा के झोंके की तरह...

केवल मैं देख रहा हूँ तुम्हें इस वक़्त
केवल मैं सुन रहा हूँ तुम्हें इस वक़्त
केवल मैं पा रहा हूँ तुम्हें इस वक़्त
        एक धुएँ की पतंग की तरह हल्का
                उठ रहा हूँ अनजान दिशाओं की जानिब...

एक अदृश्य पुल उगता है हमारे बीच
        जिस पर दौड़ता हूँ मैं
                तुम्हारी शोले-सी लपकती आवाज़ की ओर...

पत्थरों में उत्कीर्ण अरबी आयतों में
        गूँजते हैं तुम्हारे सुर
प्राचीनता, मौन के धुँधलके में होती है मुग्ध

जब कंचन-सी रौशनी में नहाया है गुम्बद
रोशनदान, दिये की तरह मुनव्वर होते हैं
पायों के पीछे छिपती हैं परछाइयाँ

सीढ़ियाँ, काल के परे धँसती हैं
एक-पर-एक

मेहराब, शाम के पृष्ठ पर
एक असम्भव की तरफ़ खुलते हैं

तुम लगाती हो पंचम सुर
और तब मेरा पूरा शरीर
दिल की तरह धड़कता है
धक् धक् धक्...

[2023]

तुम्हारे साथ

एक धुन बजती है
एक चराग़ जलता है
छायाएँ हिलती हैं
एक ख़ुश्बू घुलती है...

तुम्हारी आवाज़ के पर्दे में
एक पुरसुकून दुनिया का साज़ बजता है...

उदासी का मोम पिघलता है
अफ़सुर्दा दिल बहल जाता है
शाम, जो यूँ पहाड़-सी लगती है
तुम्हारे साथ
बहुत जल्द ढल जाती है...

[2021]

शाम की पोशाकें

पिघले कोलतारों-सी धधकती हैं
शाम की पोशाकें...

एक खुली सड़क खुलती है
जूँ अनंत की चटाई...

एक कटोरे दूध में चमकती हैं
बिल्लियों की मासूम आँखें

पंछियों के परों की चोटें
उड़ाती हैं हवा की सुनहली ज़ुल्फ़ें

मैं अपने सीने में दबाए
एक बच्चे-सी बात को लिये
टेरता हूँ नीले पानी को...
चेहरे को
अँजोर की तरह छेंकता है पसीना
जैसे आँखों को छेंकते हैं आँसू

अपनी बग़ल में दबाए
एक पवित्र किताब

मैं देखता हूँ तुम्हारी आँखों के
सफ़ेद पठारों को
और सदियों की तरह ख़ामोश हो जाता हूँ...

और पिघले कोलतारों-सी धधकती हैं
शाम की पोशाकें...

[2021]

चादर

हमारे दस्ताने पर
सूख चुके ख़ून की बू थी
नज़रें नीची ग्लानि के चकत्तों से ढही जाती देह
अमामे[1] में करीने से छिपा था प्रपंच
जुब्बे[2] के भीतर लटकता रहा लहूलुहान ख़ंजर
धूल और धूल और धूल
रूह पर ठंडे फफोलों के अनगिन निशान
दरवेश के कश्कोल[3] का सिक्का भी खोटा

युगों तक धीरे-धीरे गझिन बुनी चादर था प्रेम
जिस पर चंद्रमा की आँच थी ठंडी
इतना बेदाग़ था प्रेम
कि हम ही उसे ओढ़ने के क़ाबिल न हुए...

[2021]

---

1. साफ़ा, पगड़ी; 2. जामा, अंगरखा; 3. भिक्षापात्र, फ़क़ीर का प्याला।

सन्दल की गुड़िया

आँखों की कोरों पे तुम्हारे, किस दुःख ने डेरा डाला है
पाँव में किन फूलों की महक है, किन ज़ख़्मों से पाला है
काकुल ने फिर चुपके-चुपके, तिल के तुम्हारे बोसे लिये हैं
ज़ुल्फ़ों के मौसम में न जाने, कितनी शामों के दीप जले हैं
हाथ को थामो तो यूँ लगे है, दिल पे तुम्हारे हाथ धरा है
हर रग में किस तौर से तुमने, धड़कन-धड़कन गूँध लिया है
लफ़्ज़ जो तुमने लब पे धरे हैं, कितनी ख़राश से बोझल हैं
गले के इस साज़े-कोहना[1] पे, आहें धीमी बजती हैं
साँस तुम्हारे साँचे हैं वो, जिनपे लफ़्ज़ ढला करते हैं
चेहरे प है मस्जिद का तक़द्दुस[2], नाक कोई मीनारे-अज़ाँ[3] हो
जिसका साया बायीं जानिब, लौ की तरह से काँप रहा हो
दिल से उठे थे जो बादल अब, पेशानी पे बूँद बने है
पीले अफ़सुर्दा[4] चेहरे पे, रंगीं ख़ाब के कितने धनक[5] हैं
तुम ख़ामोश रहो हो फिर भी, रंग हदीसे-दिल[6] कहते हैं
सन्दल की गुड़िया के हिस्से, कितने सफ़र की अँगड़ाई है
भोला-भाला मुख चंदा-सा, जीवन की हैबत के ख़दशे[7]
भोली मृग शावक-सी आँखें, चीन्ह रही हैं सारे तिनके।

[2021]

---

1. प्राचीन वाद्य; 2. पाकीज़गी, पवित्रता; 3. वह मीनार जिसपे चढ़ के अज़ान दी जाए; 4. बुझा हुआ, निढाल; 5. इन्द्रधनुष; 6. दिल का हाल; 7. खटका, आशंका।

सफ़ेद धुआँ

ये रात मोम की तरह
अनंत और मुलायम
हम और तुम
मामूली धागे
जलते हैं...

दिन
हम अनंत बुझे धागों का
अनंत सफ़ेद धुआँ...

[2020]

स्वप्न में भी स्वप्न के बाहर

सोचो तो
घर भी एक गुल्लक है
जिसमें बजते हैं
तरल-ठोस दिन
खड़-खड़ उदास...

काग़ज़ हैं दीवारें
जिन्ने सोख लिया है
ढेर सारे समय का बजता पानी

अहाते में हैं
इमली और अमरूद के चमकदार दरख़्त
दो बुज़ुर्गों की तरह खड़े
शायद बच्चे हों
बुत बने
किसी बरहम हुए खेल के बीच

रेहल पर धरा है कलाम-पाक
हरे ग़िलाफ़ में बन्द
रोककर समय की धार

दीवार घड़ी
मुँह फेरे टँगी है
अलमारी के थोड़ा-सा ऊपर

एक रहस्यमयी ख़ुश्बू का झोंका
हवा के साथ उड़ता हुआ
पास से गुज़र जाता है

रौशनदान से झरती है चाँदनी
अचरज की तरह

मैं भटकता हूँ मुँह-अँधेरे
किसी और समय में
चुपचाप...

घर एक द्वीप है
समंदर में
दूर से चमकता
अजगर की गुंजलकों में कसा

मैं स्वप्न में भी
स्वप्न के बाहर
बुरी तरह हाँफता...

[2022]

जाना

वो आता है
जैसे आँखों में उमड़ती है गुलाबी
कानों में घुलता है अबोला संगीत
होंठों पर आते हैं
सरलतम् शब्द

दूर जाती उसकी काया
दिखती है
जैसे आँसू की एक बूँद
ढुलकती...

[2023]

कुछ दुःख हैं अनाम

कुछ दुःख हैं अनाम...
कुछ अधबीनी विकलताएँ...

सूखी डार में उमगते आँसुओं से, पत्ते की नुकीली अदा
हर झुटपुटे में खुरचती इच्छाओं के पैने नाख़ून
धुंध से ढकी सड़क पर
दो जोड़ी कमज़ोर पाँवों की चकल्लसें
कुछ बहुत देर से मिलीं नेमतों पर
बेतहाशा मसोसती धड़कनें
कुछ अधूरी कहानियों के
अधूरे संवाद
कुछ छज्जों की ओट में
बारिश की सिहरती पंक्तियाँ
और ग़म के माथे पे
सहमी हथेलियों की अपनाइयत
सिगरेट के छल्लों से गुज़रते
रात के तरकशी तीर;
और कमान की तरह खिंची
ये देह
अहदे-गुज़िश्ता की पपड़ियों से लटके
चमगादड़ों की हौलनाक आवाज़ों की गूँजें

कुछ दयनीय कासे-सी आँखों के खोखल
एक बूढ़े सूफ़ी की तरह
चाँद की इबादती बुदबुदाहट
बेहद लम्बी रातों में
घुटनों से टकराती नावों की चोटें
उथले पानियों में तड़पतीं
मछलियों की सर्द आहें
लैम्पपोस्टों की पीली रौशनियों से पुते चेहरों में
थकी लाचारी
कुछ बेहद तवील बातों के उधड़े सिरों में फँसे;
उँगलियों की नरम पोरों के चुनमुने साये...
कुछ अतिरिक्त कह देने
और न कह पाने के बीच की शामों के
स्थगित सन्नाटे...

सब कुछ को पोंछता
एक मासूम मख़्सूस तरल लहजा
और गली के अन्तिम मोड़ पर
एक असमाप्त विदा...

[2021]

शहर एक विडम्बना है

जब पत्तियाँ रौशन होती हैं
नंगी आवाज़ों में
छनती है राख दर्पणों से
थूक की तरह गिरता है अपना ही चेहरा...

कोमल फुटपाथों पर
कुचलती हैं इच्छाएँ
एक मुड़े-तुड़े काग़ज़ की तरह
मरते हैं स्वप्न,
जो कचरे गाड़ी के पहिये में चिपके; फड़फड़ाते हैं

एक ख़याल की तरह खुलता है समय
और बन्द होता है भोथरी ध्वनियों में...

कितना है समय?
कितना?
और कितना?
हाँफता है कोई भीतर : दुबका हुआ

कोई झिंझोड़ता है बार-बार
आँखें मलते कोई दोबारा सो जाता है

गर्वीली चादर ताने...
जीवन की नैय्या डगमग डोलती है
काँपती उँगलियों से गिरते हैं शब्द
दूर तक दौड़ता है बच्चा
एक ठोकर खाता, होता हुआ लहूलुहान
लेकिन रोता नहीं एक आँसू भर

होंठ भी एक ख़याल मालूम पड़ता है
जो खो जाता है भीड़ में
हम ढूँढते हैं बदहवास...

लम्बी जेबें
नहीं छुपातीं हमारी कमज़ोरियाँ और कमीनगियाँ
मस्ख़रेपन में चलती हैं चीज़ें
हस्बे-मामूल
एक क़ैदी निकलता है जैसे बदहवास...
शहर घूरता है उसे
धिक्कारती हैं गलियाँ
और कोमल अँधेरे : नुक्कड़ों पर
कसते हैं फब्तियाँ
एक पीली थकान घेरती है
दिशाओं के कान खड़े होते हैं
दुबली मरियल-सी रूहें
अपनी धुँधली आकृतियाँ टटोलती हैं
नाक गिर जाती है, रेज़गारी के सिक्कों में...

जब सख़्त ज़रूरत होती है तश्बीहों और इस्तिआरों की
वे गुमराही अख़्तियार करते हैं कमबख़्त!

भाषा की कुतिया
रोती है बेआवाज़
कविता में...
बस सुनाई देते हैं
भोंडे पत्थरों से शब्द
सिर पर बरसते हुए...
बेवफ़ा रात धुँधलाती है
कोमल पाँवों के निशान...
गोया अपनी ही अँतड़ियाँ
खिंचती चली जाती हैं
सुनसान सड़कों पर...

[2021]

मुल्क

दिन एक रौशन क़ब्र है यहाँ
और ज़िन्दगी एक अफ़वाह है
और हर हस्सास इंसान का दिल
एक मातमख़ाना
जिसकी ताक़ पर
गुमशुदा चराग़ के धुएँ के दाग़ हैं...

दिन एक रौशन क़ब्र है यहाँ
जहाँ सूरज, ज़िन्दा लाशों का तस्वीरसाज़ है
और बीच जिगर में धँसा, ठहरा वक़्त
चमकता नेज़ा

दिन एक रौशन क़ब्र है यहाँ
जिसमें हर रात
एक ताबूत की तरह उतर जाती है...

[2022]

सराय

मैं एक सराय में रहता हूँ
जिसे मौत की सराय कहते हैं

यहाँ दिन और रात
घोड़े की दुम से बँधे होते हैं
और चाँद और सूरज
कुएँ में उल्टे लटके हुए रहते हैं
यहाँ वक़्त; घोड़ों की लीद में लिथड़ा रहता है
—और ख़ाब में उसे नींद आती है।

[2023]

नीली बयाज़

अगर लफ़्ज़ों की सेहत कम कर दी जाए
तो बहुत बड़ी-बड़ी सतरें भी
उस छोटी-सी जादुई नीली बयाज़ में
समा जाती थीं
जो ताक़ पर हिफ़ाज़त से रखी जाती थी
जिसके पिछले पन्नों पर मैं चित्र बनाता
जिसकी ज़रूरत गाहे-बगाहे पड़ ही जाती थी
उसमें हस्बे-हाल शेर
फ़ोन नम्बर
पुराने पते
बच्चों के जन्मदिन
हिसाब-किताब
बचत-क़र्ज़
महीने का पतला बजट
एक दीवाल खड़ी करने की लागत
कितना कुछ होता था
उस छोटी-सी नीली बयाज़ में

पहले वो बयाज़ गुम हुई
फिर वो लिपि

फिर वो लोग
फिर वो घर
और फिर हमारा ये जीवन।

[2023]

शुद्ध नमस्कार

हिन्दी ही है हमारी प्यारी भाषा
जिसकी हो नहीं सकती कोई अन्य परिभाषा
यही है दूसरी देवभाषा
यही होगी राष्ट्रभाषा
इसमें गूँजता है वेदों की ऋचाओं का नाद
कान सिप्...सिप्...पीते हैं, वो अलौकिक प्रमाद
अविरल है इसकी कल-कल प्राच्य धारा
विश्वगुरु होंगे जब, गूँजेगा इसका जयकारा

हिन्दी के मंच से बोलते आप हैं जो कुछ
न आता है समझ में हमें, न पावें कोई सुख
हमारी अदृश्य चुटिया में, लगा है एक दिव्य हुक
आपकी बोली सुनते ही, जाता मन बारम्बार चिहुँक
इस परियोजना के लिए की है, कितनों ने कितनी कारसेवा
तब जाकर हम चाँप रहे हैं, उनका बोया मेवा
हम ही हैं शुद्ध हिन्दी के दिलवाले, रखवाले
आपकी अशुद्ध भाषा के चक्कर में, नहीं हम पड़ने वाले

हम हिन्दी के हिन्दू मतवाले
मुख में राम पलीता डाले
हँसी-ठिठोली करने वाले
वायुयान में उड़ने वाले।

[2023]

महास्वप्न

इतनी जल्दी सम्पन्न नहीं होगा यह महायज्ञ
अभी देनी पड़ेंगी असंख्य आहुतियाँ
अभी चलाना होगा महाभियान
इस पुण्यभूमि की पूर्ण-शुद्धि के लिए
मिथकों के वल्कल से उठेगा
पुरातात्विक अवशेषों का अंधड़
एक विराट इतिहास
पृथ्वी का कपाट फाड़ कर
बाहर निकाला जाएगा
जो सबसे अधिक तर्क और विज्ञान की दुन्दुभि बजाएगा।
आह!
उस महास्वप्न की कल्पना भी
कितनी मादक है!

इस ऊबड़-खाबड़ महादेश को
समतल होना ही पड़ेगा
कई-कई बार
झुकना ही पड़ेगा
उस विराट उपलब्धि के आगे
सबको
एक महास्नान अभी चिर-प्रतीक्षित है
जिसके बाद वह जयघोष गूँजेगा
दसों दिशाओं से

हाहाकार की तरह
उस समय पावस की जगह
अमृत बरसेगा
अ मृ त...

और आप अभी से हलकान हो रहे हैं
जबकि अभी तो वो दौर आया भी नहीं
केवल प्रारब्ध है ये
लेकिन आकर रहेगा
और इसे हम लाएँगे
सबके सहयोग और प्रचंड बहुमत से।

[2023]

इल्तिजा[1]

हमारे साथ हमारी थोड़ी बदनसीबी भी चली आई थी
आपका भला क्या दोष!
कुछ बस्तियाँ ख़ाक में मिल जाएँ
आपका ग़ुस्सा ठंडा हो
कुछ नौजवानों की ज़िन्दगियाँ बर्बाद हो जाएँ
आपका ग़ुस्सा ठंडा हो
यह ऐतिहासिक महायज्ञ सम्पन्न हो
आपका ग़ुस्सा ठंडा हो

हमारे क़ातिल!
हमारे दिलदार!
अब जीने की नहीं
मरने की रुख़्सत चाहते हैं
कोई ख़्वाहिश नहीं, कोई शिकवा नहीं
बस इतनी इल्तिजा है आपसे
हमारी क़ब्रों में ही
अपने ख़ंजर भी दफ़्न कर दीजिएगा।

[2023]

---

1. विनती।

महशर[1]

बहुत पुराना है उनका दुःख
पुरानी चादरों और पुराने कम्बलों से भी पुराना
पुराने बर्तनों और पुराने पीपल के दरख़्तों से भी पुराना
जर्जर कुओं, सूखे तालाबों, बंजर चरागाहों
और खंडहर मकानों से भी पुराना
उजाड़ परित्यक्त रेल संपत्तियों से भी पुराना
पुराने ज़ख़्मों और पुरानी अवैध कॉलोनियों से भी पुराना
रेत और बर्फ़ से भी प्राचीन है उनका दुःख
धरती और समुद्र से भी पुराना
जितना पुराना है नमक
उतना पुराना है उनका दुःख
या उससे भी पुराना
कि जितनी पुरानी है हिंसा...

आप सोचते होंगे आख़िर वे कौन लोग हैं
जो धुएँ की मानिंद उठते हैं और फैल जाते हैं
धूल की तरह उड़ते हैं और बैठ जाते हैं
राख की तरह झड़ते हैं और खो जाते हैं
आप जानना चाहते होंगे उनके नाम
उनके बाप-दादाओं के नाम

1. क़यामत का दिन।

उनकी ज़ुबान और उनके मज़हब का नाम
उनके नाम अलग-अलग भाषाओं में हैं
लेकिन उनके डर अद्भुत रूप से समान हैं
वे दुनिया के सबसे पुराने मकीन हैं
और सबसे पुराने मुहाजिर भी
उनके चेहरे भी मिलते-जुलते से हैं
वे दुनिया के सबसे सताए हुए लोग हैं

वे अपने मुहल्लों और बस्तियों में भी
विस्थापितों की सी ज़िन्दगियाँ बसर करने पे
मजबूर किये जाते हैं
उनके घरों को दंगों में सबसे पहले
आग लगाया जाता है
और सरकारी बुल्डोज़रों से
सबसे पहले नीस्तो-नाबूद किया जाता है

वे सबसे ज़्यादा खटने वाले मेहनतकश लोग
सबसे कमज़ोर समझे जाने वाले लोग
एक दिन उट्ठेंगे
और डटकर खड़े हो जाएँगे
तमाम ज़ालिम तानाशाही हुकूमतों के ख़िलाफ़
और अपने सारे पुराने दुःखों का हिसाब माँगेंगे
एक दिन महशर यहीं से उट्ठेगा[1]
यहीं लगेगी सबसे बड़ी अदालत
और होगा न्याय
आप मज़लूम बस्तियाँ उजाड़ने वाले हुक्मरान लोग
उस रोज़ किस ख़ुदा को याद करेंगे?

[2022]

1. फ़ैज़ अहमद फ़ैज़ के प्रति कृतज्ञ होते हुए।

मदफ़न[1]

एक हिन्दुस्तान था
जो हृदय से चीत्कार की तरह उठकर...
आँखों में गर्म चुभती हवा की मानिंद
लहरा रहा था
उस वक़्त मैं अपनी ही विस्मृत गली में
एक फटे काग़ज़ की मानिंद
पुरानी जर्जर चौखटों से लिपटता
फड़फड़ा रहा था

इन सबके बीच उमीद का
एक अदृश्य ख़ून आलूद आँचल
जिस्म पर आख़िरी लिबास की तरह
चिपक रहा था
और एक दरवेश
अपना फूटा कश्कोल लिये
अपना अन्तिम गीत गाता फिर रहा था...

हिन्दू-मुस्लिम भाईचारा अब एक गर्म ख़ंजर का
पुराना पड़ चुका खोल भर था

1. दफ़्न करने की जगह।

जो किसी दम हमारा ही सीना
चाक कर सकता था
लेकिन कमर से लटकाए
हम अब भी उस पर यक़ीन करने की ज़िद्द पर
अड़े हुए थे

अब हिन्दुस्तान, एक अनोखा मदफ़न बन चुका था
जिसमें हर रात मैं और मेरे जैसे तमाम लोग
अपनी ही छोटी-छोटी क़ब्रें खोद रहे थे...

[2022]

शर्म

छह दिसम्बर : अब एक पुरानी बात हो गई
अब वह याद भी नहीं आती
ना दिन में; ना रात में
ना ही किन्हीं भूली हुई आदतों में
नहीं, नहीं... ख़्वाब में भी नहीं
यह भी भूल चुके हैं
कि कभी हम बच्चों-से मासूम थे
झूठ बोल के भी दु:खी होते थे
दरवेश जी!
तीस साल कुछ कम नहीं होते
एक सेक्युलर अदा के लिए
एक अनचाही शर्म, आख़िर कोई कब तक ढो सकता है?

[2022]

ज़फ़रयाब जीलानी के निधन पर

वाए गर मेरा तिरा इंसाफ़ महशर में न हो
अब तलक तो ये तवक़्क़ो है कि वाँ हो जाएगा

—मिर्ज़ा ग़ालिब

ज़फ़रयाब जीलानी!
तूने देखा है इस मुल्क में
इंसाफ़ का हश्र
तू उस पीढ़ी का बानी था
जिसने उम्मीद न छोड़ी
हमेशा सब्र से काम लिया
लेकिन उम्मीद की भी तो
एक उम्र होती है
ज़फ़रयाब!

शिकस्तख़ुर्दा
और साबिर
तेरा चेहरा
घनी अँधेरी शब में भी
क़िन्दील की तरह
सुब्ह के इन्तज़ार में
जलता है

उस मिस्मार की गई मस्जिद की
अगर कोई रूह थी
तो वो तू था
हू था

तू निहायत थक कर गिरा था
एक दिन अचानक
ज़रूरी काग़ज़ात पढ़ते-पढ़ते
और कमबख़्त ब्रेन-हेमरेज का शिकार हुआ

तेरे अन्दर ही तेरा गाढ़ा लहू जम गया
जो सुर्ख़-सुर्ख़ चमकता है...
तबीब कहते हैं
ख़ून की तेज़ रौ को
तेरा दिल बर्दाश्त न कर सका
और तू चल बसा

आख़िरश
पस्ती के सीख़चों को तू
पार कर गया ज़फ़रयाब!
ले आज तू आज़ाद हुआ
और हरचन्द ज़फ़रयाब हुआ।

[2023]

अब तो सब सही है

जो हुआ, वो सही था
तुमने जो किया, सही था
तुम जो करोगे, वो सही ही होगा
जैसे बँटवारा सही था
भोगी-लोभी भी सही हैं
बाबरी मस्जिद विध्वंस सही था
गोधरा में जो हुआ सही था
तुम्हारी घृणा सही ही है
तुम्हारा चुनाव सही है
तुम्हारी ज़ुबान सच्ची है
तुम्हारा हिन्दूवाद सही है

तुम इतने नफ़ीस दुश्मन हो कि
अब तो सब सही है
न्यायालय
लोकतंत्र
भांड
मसख़रे
चुनाव...

तुम्हारी नफ़रत सही है
क्योंकि उसपे तुमने कोई मुखौटा नहीं ओढ़ा

आज एक दोस्त से मुसाफ़ा करते वक़्त
उसकी आस्तीन में छुपा
छुरे का सिरा चमक उठा
इससे पहले कि पुराने वक़्तों की याद के बाबत
दोस्त शर्मिंदा होता
मैं ख़ुद शर्मिंदा हो लिया
और मुस्कुरा दिया

हमें भी यक़ीन आ ही गया अब
आना ही था एक दिन
कि कोई भाईचारा नहीं था कभी यहाँ
न कोई गंगा-जमुनी तहज़ीब थी
ये सब तो बुज़ुर्गों की क़ब्रों से उड़ती धूल थी
जो बैठ गई
तुम्हारी फ़िल्मों, नाटकों और कथाओं के दृश्य
इस बात की गवाही देते हैं
कि सब सही है यहाँ
इसलिए अब किसी तमहीद की ज़रूरत नहीं रही...

ग़नीमत है
तुमने पचहत्तर सालों का भ्रम
दूर कर ही दिया हमारा
इसलिए अब तो सब सही है!
और मैं ये सोचकर कितना आश्वस्त हूँ
कि इस गर्मी की दुपहर
कच्चे प्याज़ और कुछ रोटियाँ खाकर
मुझे आख़िरकार
नींद आ जाएगी।

[2022]

मुश्किल दिनों की तैयारी

मुश्किल दिनों में
दिन और रात भी मुश्किल लगते हैं
दिन, जैसे हँसता मालूम पड़ता है
हमारी बदहाली पर
और रातें, बदशक्ल चेहरे छुपाए
बच्चों को डरा कर, ठहाके लगाती हैं
समय, एक चुनौती की तरह
दरवाज़े पर खड़ा, दस्तक देता रहता है
और हम काँपते हुए, दुबके रहते हैं
उसकी जेबों में नुकीले चाक़ू, छुपे रहते हैं
हम घुटन से भरे अपने कमरों से भागते हैं
आँगन की तरफ़
और क़त्लगाहों के मोड़ हमें
खींच लेते हैं अपनी ओर
मुश्किल दिनों में ज़ोर-ज़ोर से हँसते हैं हम
या दहाड़ें मार रोते हैं
लेकिन एक फ़र्क़ के साथ
कि हम शामिल नहीं होते
इन दोनों में अक्सर ही
एक पागलपन में नसें चिटकती हैं
और लहू ठोस हो जाता है

और पत्थर की तरह
आँखों से झाँकता है बार-बार...

मैं मुश्किल दिनों की तैयारी
अभी से थोड़ा-थोड़ा करने लगा हूँ

जैसे अपने आँसुओं को बचाकर रखने लगा हूँ
बच्चों के लिए मीठी लोरियाँ याद करने लगा हूँ
और अपनी आँखों को बार-बार जाँचने लगा हूँ
कि उन्हें नुकीले दाँत और नाख़ून
साफ़-साफ़ दिखाई देते हैं या नहीं
उन दिनों के लिए
जब रोने, छिपने और लड़ने के सिवा
और कोई काम
बचेगा ही नहीं इस दुनिया में।

[2022]

हादसा

जब मुल्क में उन्माद
धुएँ की तेज़ी से फैल रहा था
और हत्याएँ
राष्ट्रीय गर्व का विषय बन चुकी थीं
उस वक़्त हम गोली की रफ़्तार से
अपनी हताशाओं में धँसते चले जा रहे थे...

और उधर
शाहे-वक़्त के दरबार में
जश्न का माहौल था
कि उसने बाग़ियों का सिर
फिर से कुचल दिया था।

ये एक ऐसा हादसा था कि हम
मक़तूल के जनाज़े में शामिल होते हुए भी
दरबारी जश्न में ही शामिल थे...

[2017]

गवाही

क़ब्र में
मेरी बग़ल में ही लिटाना
मेरी कविता को भी
जो मेरी दोस्त रही
मेरे उन यातना के क्षणों में भी

इस तरह हम एक साथ उठेंगे
महशर के रोज़
शुभ दिन बोलते हुए
एक दूसरे को
उसे लिटाना ज़रूर
क्योंकि उसे सबसे बड़ी अदालत में
उस दिन
मेरे ख़िलाफ़ गवाही देनी है।

[2023]

तूफ़ान

पहले हाथों को हथकड़ी लगेगी
और फिर ज़ुबान बन्द की जाएगी
बाज़ारों, बस्तियों, इबादतगाहों
और जुलूसों में
उनपे हमले होंगे
एक क़त्लेआम काफ़ी नहीं होगा
ऐसा वे पहले भी कर चुके हैं
इस बार शायद लड़ाई देर तक चले
और किसी को कोई एतराज़ भी न हो
शायद कुछ अम्न के पैरोकार
अपनी अपीलों के बीच
लाज़मी तौर पे सिगार के लम्बे कश लें

वैसे पहले जासूसों से काम लिया जाएगा
दुश्मनों की निशानदेही के लिए
वे भरोसेमंद हैं उनके लिए
फिर किसी रात धावा बोल दिया जाएगा
उनकी बस्तियों और ठिकानों पर
जब वे सो रहे होंगे
निढाल
एक मामूली दिन गुज़ार कर

उनसे उनकी क़लम ही नहीं
बल्कि उनके ख़ाब भी छीने जाएँगे
और यक़ीन जानिए
ये सबके सामने ही घटित होगा

वे उन्हें सबके सामने क़ब्रों में ज़िन्दा गाड़ देंगे
और सोचेंगे चलो पिंड छूटा इन कमबख़्तों से
लेकिन उन्हें कानोंकान ख़बर नहीं होगी
कि इंक़लाबी मुर्दों के पास
वक़्त की कोई कमी नहीं होती
वे अपनी क़ब्रों में एक दूसरे से फुसफुसाएँगे
और यक़ीन जानिए
आपकी दुनिया में तूफ़ान उठाएँगे।

[2022]

हंगाम[1]

ये एक ख़ून से भरी अँधेरी सुरंग है
जिसमें हम फिसलते चले जा रहे हैं
दरख़्त ख़ून में डूबे हैं
हवा में ख़ून की बू है
आसमान ख़ून माँग रहा है
चाँद को भी ख़ून चाहिए
ये एक गहरी साज़िश है :
धरती ग़ायब हो रही है
उसकी जगह ख़ून के टीले
ख़ून के पहाड़
ख़ून की झीलें
और ख़ून के रेगिस्तान ज़ेरे-ता'मीर हैं
दिन का दस्तार ख़ून में लिथड़ा है
रात की कम्बल ख़ून से भारी है
इस हंगाम में ख़ून की फ़रावानी ज़रूरी है
फ़क़त दिमाग़ में ख़ून की तेज़ हलचल है...

अफ़सोस!
दिल अब ख़ून से ख़ाली हैं।

[2023]

---

1. मौसम, वक़्त, काल, अफ़रातफ़री, भीड़।

बर्बर

बर्बर आएँगे!
बर्बर आ रहे हैं!
बर्बर आने ही वाले हैं!

इस तरह की चर्चाएँ करते-करते
डर की जगह अब
काफ़ी रोमांचित महसूस होने लगा था
और एक दिन ऐसा हुआ
कि सूरज ढलते ही
वे शहर में दाख़िल हुए
अपने लश्कर के साथ...

कुछ लोगों ने उन्हें छज्जों से देखा
कुछ ने चौक पर, पेड़ों के पीछे छिपते
और कुछ ने अपने-अपने ख़्वाब में
अपनी-अपनी तरह की तस्वीरों में

उनके आने की ख़बर से
कोई विचलित नहीं था
अलबत्ता सब एक-दूसरे से
उस पुरानी धूमिल भविष्यवाणी की
तस्दीक़ करते हुए काफ़ी रोमांचित ज़रूर हुए

अगली सुबह कुछ नहीं बदला
जैसी कि उम्मीद थी
कोई पुल नहीं तोड़ा गया
कोई इबादतगाह नहीं ढहाए गए
कोई कुतुबख़ाने नहीं जलाए गए
कोई ध्वंस का काम नहीं हुआ
बिना ख़ून-ख़राबे के उन्हें
सत्ता सौंपी गई
कुछ लोगों ने उनके आने का
अलबत्ता सख़्ती से इनकार भी किया
उनके मुताबिक़
उनके आने का ये मुनासिब मौसम नहीं था
क्योंकि उनके कैलेंडरों पर
उनके आने की दूसरी तारीख़ें दर्ज थीं
कुछ के लिए उनका इन्तज़ार
अब बेमज़ा हो चुका था
इसलिए उन्हें उनके आने न आने से
कोई ख़ास मतलब नहीं रह गया था

कुछ ये जानते हुए भी, कि वे अब आ चुके;
इन्तज़ार ही कर रहे थे
उनके दोबारा आने का

जिन्हें यक़ीन था कि वे आ चुके अब
अपने-अपने काम में जुट गए
नए जोशो-ख़रोश के साथ

धीरे-धीरे ज़्यादातर लोग
उनके आने के फ़ायदे गिनाने लगे
और उन्हें बुरा लगता

जब उन्हें कोई
धीरे से भी बर्बर पुकारता
क्योंकि उनके लिए बर्बरता
किसी दूसरे ज़माने या
किसी दूसरी दुनिया की चीज़ थी

वैसे भी बर्बरों को
ज़्यादा कुछ करने की ज़रूरत भी नहीं पड़ी
क्योंकि दिनों-दिन उनकी ताक़त और पकड़
बढ़ती ही जा रही थी
और वे देखते न देखते
शहर के चप्पे-चप्पे पर
अपना पूरा क़ब्ज़ा जमा चुके थे
किसी को महसूस भी न हुआ
और पूरे शहर की हवा बदल गई

वे रियाया के बीच राय-शुमारी करते
और अनोखे बर्बर क़ानून नाफ़िज़ करते जाते
और ये रोज़ का ही मामूल बन गया
इसलिए अटपटा लगने की बात ही न थी

कुछ लोग जिनकी नज़र में वे साफ़ बर्बर थे
उनकी खुली या दबी आलोचना करते
जिन्हें वे खुलेआम दबोचकर, ग़ायब कर देते
अब सड़क पर या दिल में भी
हर तरह के
एहतेजाज़ करने पर
पाबन्दी आयद कर दी गई

बर्बरों ने आख़िर सबकी रज़ामंदी से ही तो

नया बर्बर क़ानून नाफ़िज़ किया था!
वे अपनी रियाया का शुक्रिया अदा करते न थकते
बल्कि एक महकमा ही इसलिए था कि लोगों को
मोअद्दिबाना इज़्हारे-तशक्कुर[1] करता
लोगों को ये नया निज़ाम ख़ूब रास आया
और वे पूरी दुनिया में इसे नाफ़िज़ होते देखना चाहते थे

धीरे-धीरे पूरा शहर भूल गया
कि वे बर्बर थे
और आ चुके थे
क्योंकि वे सब
ख़ुद बर्बर बन चुके थे।

[2021]

---

1. शुक्रिया अदा करना, धन्यवाद देना।

लखीमपुर

जिस कार से टक्कर हुई वो कोई कार नहीं; हवा थी
जिन निर्भीक और मासूम किसानों की पगड़ियाँ
उछलकर धूल में गिरीं
वो मसख़रे के हाथ की सफ़ाई थी, अभिनय था
जो लोग गाड़ी के नीचे कुचलकर मार दिए गए
वे नक़ली पुतले थे
यह सब जिस पर वावेला है
वो लोकतंत्र की कला थी
संत की कल्पना थी

कोई गोली नहीं चली
यह तो किसी शास्त्रीय नृत्य का अंग था
तबले की थाप थी
जिसे आप समझ नहीं पाए
आप कलाहीन लोग
इस पर कोई कैसे उत्तेजित हो सकता है!
जबकि किसी कवि की कविता थी यह
या किसी लेखक की कथा का सूत्र वाक्य
या किसी नाटक का कलात्मक दृश्य

यह तो बस मृत्यु का सौंदर्य था
जो सड़क पर बिखर गया

ये लाल लहू नहीं, लाल रंग था
जो न जाने क्यूँ
अँधेरे के बाद भी रिस्ता रहा
सड़कों पर
ज़ेहनों पर
और हमारे दिलों पर...

[2021]

नई सदी में हत्यारे

नई सदी में हत्यारे
नए हथियारों से लैस थे
उन्होंने देवालयों से ईश्वर चुराए
और उन्हें धारदार हथियारों में बदल दिया
उन्होंने सुबह-सुबह बाग़ से फूल चुने
और उन्हें हथियारों में बदल दिया
उन्होंने शहरों के नक़्शे उठाए
और पवित्र रंगों को ढुलकाया
और आश्चर्य!
कि नक़्शा गलकर
ख़ून में फूल गया
इस तरह रंगों को भी उन्होंने हथियार में बदला

उन्होंने नृशंस हत्याएँ कीं
और उसे कला की संज्ञा दी
और सभ्यता की उपलब्धियों में गिना

वे कलावंतों की तरह आए
वे उद्धारकों की तरह आए
वे महामानवों की तरह आए

उन्होंने भविष्य को एक फूल के रूपक में बाँधा
उन्होंने देश को भी
एक नाज़ुक फूल की उपमा से नवाज़ा
और आदमियों को खोखला कर
उनमें बारूद भर दिया
उन्होंने उनके फूल जैसे हाथ-पाँव से
हथियारों का काम लिया

इस तरह नई सदी में हत्यारों ने
सौंदर्य को भी हथियार की तरह बरता
इसलिए जब-जब वसंत ने दस्तक दी
मैं घबराया
उन्होंने जब-जब किसी फूल को छुवा
मेरी रूह काँप गई।

[2021]

हत्यारों का शहर

ये हत्यारों का शहर है
जहाँ होती ही रहती है
मूसलाधार बारिश

जब-जब कड़कती है बिजली
चुस्त हत्यारा
लगाता है निशाना

बादल गरजते हैं
और दब जाती है
चीख़...

इससे पहले कि ख़ून ज़मीन पर गिरे
पानी बहा ले जाता है उसे
अपने साथ चुपके-चुपके
अँधेरे की चादर
ढक देती है
क़त्ल के बचे-खुचे सुबूत...

बारिश में भीग रहा है शहर...
कैफ़े और रेस्तराँ गुलज़ार हैं

बड़े स्क्रीन पर चौक में
चल रहा है बारिश का कोई गीत
और पीछे गरज रहे हैं बादल
तड़क रही है बिजली।

[2023]

विश्वास

मुझे विश्वास रखना चाहिए
जब विश्वास लायक़
कुछ न बचा हो

मुझे विश्वास रखना चाहिए
जिनसे कोई
उम्मीद न हो

मुझे विश्वास रखना चाहिए
जिसका कोई
भविष्य न हो

मुझे विश्वास रखना ही चाहिए
कि मेरी गर्दन पर
आपका ही छुरा है...

[2023]

खी-खी

नहीं है वहाँ कोई उल्टा खड़ा
दरवाज़े में अड़ा
दिन मुलायम हैं
और रात में है ख़ुनुक
नहीं है वहाँ कोई फ़रेब,
दरेग़
न कोई साज़िशी
वहशी
हत्यारे लौट गए बस शोरग़ुल कर
क़ब्रें खोद, हड्डियाँ जला कर...

हमारे तहफ़्फ़ुज़ के लिए शुक्रिया!
हम जीवित बचे
और कितने ख़ुशहाल!
वधस्थल में देखो खड़े हैं
खी-खी करते।

[2023]

दिल सोज़ में डूबा हुआ

[ग़ज़ल]

दिल सोज़ में डूबा हुआ उम्मीदे-सहर है,
अफ़सोस मुसलसल उसे कुछ ख़ौफ़ो-ख़तर है।

इन कूचः-ओ-बाज़ार में है नाचती वहशत,
ऐ बादे-सबा इनमें कोई तेरा भी घर है।

आई है इधर झूम के क्या मौसमे-बाराँ,
गुलहाए दहन देख तो क्या ख़ून से तर है।

हमको तो अबस ज़ब्त की और सब्र की तल्क़ीन,
पर मुंसिफ़े-दौराँ तिरा इंसाफ़ किधर है।

ऐ शह्रे-तरब चीज़ की रुख़्सत नहीं तुझको,
और दिल मिरा दहला है कि बस तुझको ख़बर है।

इक सुब्ह थी या शाम थी और शब भी अजब सी,
कुछ बात नहीं कहने की हाँ कुछ तो मगर है।

किस तरह जुदा होके गिरा है ये बदन से,
दरवेश इधर देख न शाइर का ये सर है।

[2023]

शाख़ों से टूट जाएगा

[ग़ज़ल]

शाख़ों से टूट जाएगा पत्ता हरा हरा,
चाहे चले हवा यहाँ अबसे ज़रा ज़रा।

मुद्दत हुई के आपसे मिलने के बाद हम,
कहते थे अन्दुरूँ है मिरा अब भरा भरा।

ख़ाली हैं मैकदे[1] कि हैं रिंदों[2] के हाथ शल[3],
साक़ी[4] है पस्तहाल यहाँ और डरा डरा।

कोई जुनूँ न ताब है यलग़ार[5] के लिये,
सालार[6] यर्ग़माल[7] है जज़्बा मरा मरा।

ज़िन्दाँ[8] से जा रही है सदा[9] कोहे-क़ाफ़[10] तक,
शानों[11] पे है कटा हुआ ये सर धरा धरा।

[2022]

---

1. मदिरालय; 2. शराबी, सूफ़ी, आज़ाद; 3. सुन्न हो जाना, थक जाना; 4. मधुबाला; 5. आक्रमण; 6. सेनापति; 7. बंधक; 8. जेलख़ाना; 9. पुकार; 10. एक काल्पनिक स्थान जहाँ जाना सम्भव न हो, काकेशिया की पहाड़ियाँ; 11. कंधा।

ग़नीमत

ग़नीमत रही
इन दिनों वह जब-जब मिला
रह-रह कर आती रही
उसकी धीमी-धीमी याद

डरता हूँ उस दिन से
जब मिलूँगा उससे
और नहीं आएगी पलटकर
उसकी कोई भी याद।

[2021]

नन्हे मियाँ चिश्ती[1]

[उन तमाम बुज़ुर्गों के नाम जिनकी मज़ारें रात के
अँधेरों और दिन के उजालों में तोड़ डाली गईं]

दरअस्ल
दिन के जबड़े में थी
आपके मज़ार की एक-एक ईंट
आसमान था हर वक़्त आपका निगहबाँ
रात ने तो बस
सबकुछ बराबर कर दिया
चुपचाप...

इस तलातुम में आप ख़ुदा से लौ लगाए
सोते हैं चैन की नींद!
बहुत दिन जी लिए की तरह ही
बहुत दिन मर लिए आप ऐ बुज़ुर्ग!
क़यामत का दूर-दूर तक कोई निशान नहीं
रोज़े-हश्र में अभी काफ़ी वक़्त है
उससे पहले उठें
अपने मुसलमान होने की सज़ा भुगत लें!

[2023]

---

1. एक सूफ़ी, जिनकी मज़ार, दिल्ली के मंडी हाउस में स्थित थी, जिसे एक रात ध्वस्त कर दिया गया।

मलबा

आख़िर क्या है ये
कि बार-बार लौटती है
उसकी वही आवाज़
वही बिजली की चमक
वही तड़कता आसमान
वही ख़मोशी
वही विकलता
वही उतावलापन
वही निरीहता..

कई-कई बार कहे जाने के बावजूद भी
अपूर्ण क्यों है
हर वक्तव्य?
कई-कई बार लिखे जाने के बावजूद भी
अधूरी क्यों हैं
कविताएँ?

इतनी तलाशी के बाद भी
क्या है वह
जो बाहर आना चाहता है बार-बार
पर आ नहीं पाता?

इस विराट शब्दों के मलबे में
आख़िर दबी है
किसकी चीख़?

[2023]

जब्र[1]

जब्र यूँ तो दिखाई नहीं देता
रहता है सदा चोग़े में
अदृश्य...
जिसके भीतर से चाक़ू की तरह
निकलते हैं, उसके दो हाथ

जब्र की केवल चर्चाएँ होती हैं
उसके थोबड़े की कल्पनाएँ होती हैं नाना
उसकी ताक़त के चर्चे से
व्यापता है उसका भय

वो छुप कर करता मनमानियाँ
साज़िशें
ज़ुल्म
हत्याकांड
जनसंघार

उसके भाड़े के टुच्चे अर्दली, कारकुन
चलाते जब्र का
ख़ौफ़नाक कारोबार

---

1. ज़ुल्म, अत्याचार।

जब्र के हाथ बहुत बड़े मालूम पड़ते हैं
जो हर जब्र के बाद और-और मज़बूत लगते हैं
लेकिन जब्र की सारी ताक़त का राज़
उनका डर होता है
जिन पर टूटता है जब्र का क़हर
चारों सिम्तों से

अगर ये डर निकल जाए तो
जब्र की बारूदी आँख तुरन्त फट पड़े
राख हो जाए जब्र का विशाल साम्राज्य
और जब्र के पाँव मुमकिन है
डर के मारे
उसके सर पर चढ़ जाएँ
और जब्र के हाथ
उसके चोग़े में ही खो जाएँ
इस तरह जब्र फ़रारी काटने पर मजबूर हो जाए
और ये सोच-सोच कर दुबला पड़ जाए
कि कैसे उसके दिन लद गए
उससे अब गली का कुत्ता भी नहीं डरता

और फिर क्या?
एक दिन
कमबख़्त जब्र साहब
तारीख़ के फड़फड़ाते पन्नों में
किसी मोटे भद्दे शब्द के नीचे दबकर मर जाए।

[2023]

बोल जमूरे

वामपंथ का नाम भजोगे?
हाँ जी, हाँ जी, जी हाँ

फ़ासिस्टों के साथ सजोगे?
हाँ जी, हाँ जी, जी हाँ

ऐसे में तो ख़ूब लगोगे!
हाँ जी, हाँ जी, जी हाँ

चट्टे-बट्टे साथ चलोगे?
हाँ जी, हाँ जी, जी हाँ

अच्छा सब कुछ लाद चलोगे!
हाँ जी, हाँ जी, जी हाँ

चेलों की एक फ़ौज करोगे?
हाँ जी, हाँ जी, जी हाँ

तब तो जमकर मौज करोगे!
हाँ जी, हाँ जी, जी हाँ

सारा ईमाँ बेच रहोगे?
हाँ जी, हाँ जी, जी हाँ

चैंपियन तुम अनमैच रहोगे!
हाँ जी, हाँ जी, जी हाँ

लीपापोती आम करोगे
हाँ जी, हाँ जी, जी हाँ

तुम तो ऊँचा नाम करोगे!
जी हाँ, जी हाँ, जी हाँ।

[2023]

बुरा समय

कितना बुरा समय है
कि अपनी याददाश्त
पराई लगती है

कितना बुरा समय है
कि उनकी नेकनीयती पर भी
अब चिढ़ होती है

कितना बुरा समय है
कि दिल
मातमख़ाना बन चुका है

कितना बुरा समय है
कि सुब्ह का उजाला भी
तंज़ कसता है

कितना बुरा समय है
कि नाउम्मीदी ही अब
उम्मीद बन चुकी है

कितना बुरा समय है
ये कहकर अब
उतना बुरा नहीं लगता

इसलिए कितना बुरा समय है कहकर
कभी-कभी ज़ोर से हँसा भी करो
कि अब तक ज़िन्दा हो तुम
और करो वो
जो अब तक नहीं किया।

[2023]

सूर्य नमस्कार

हमारा दिल दहलता है
जब आप हम पर, उस तरह हँसते हैं
फ़िक़रे कसते हैं
(एक उस्तरा फिरता हो जैसे गले पे)

हमारा दिल दहलता है
जब आप हमारी बेजा फ़िक्र करते हैं
हमें पालतू बनाने की कोशिशें करते हैं

हमारा दिल दहलता है
जब आप हमारी बातें, चुपके-चुपके सुनते हैं
(जैसे किसी ने कलेजा दबोच लिया हो, अन्दर से)

हमारा दिल दहलता है
जब आप मचलते हैं, उछलते हैं, ठट्ठे लगाते हैं
(जैसे आसमान बिल्कुल काला पड़ जाए दिन में ही)

हमारा दिल दहलता है
जब आप हमें धमकाते हुए, फुसलाते हैं
हम पर चार-सू हमले करवाते हैं
आदतन हमें डराते हैं

(आप शैतान के चाचा हैं)

हमारा दिल दहलता है
जब आप हमें ग़ौर से और दूर से ताड़ते हैं

हमारा दिल दहलता है
जब हमारी पीठ पर, आपका हाथ फिरता है
(एक नुकीली झुरझुरी-सी दौड़ जाती है बदन में)

हमारा दिल दहलता है
आपके चश्मे के तिरछे फ्रेम से
आपकी बाँकी चितवन से
आपकी विकृत फुसफुसाहटों से
आपकी शैतानी आहटों से
आपके विस्फोटक गिरोह से
आपकी लपकती-छनकती आवाज़ से
आपके नाम-निहाद इंसाफ़ से
दहलता है हमारा दिल हुज़ूर!

हमारा दिल ख़ौफ़ से नहीं
हमारा दिल मौत से नहीं
हमारा दिल धमाकों से ज़्यादा
आपकी कारगुज़ारियों से दहलता है जनाब!
(जो बाज़ दफ़े दिखाई भी नहीं देतीं
लेकिन जिनकी छायाएँ हमारी खाल में
सुइयों की तरह खुभी रहती हैं, साल-हा-साल)

हम कुछ कहने को होते हैं
और लुढ़क जाता है हमारा गला
मसक जाती है हमारी आवाज़...

जिसे आप नहीं समझते
जो आपको नहीं आता समझ
समझते नहीं हैं जिसे आप।

[2022]

नई सदी की तीसरी दहाई में

जब मुट्ठी में, कैसे भी नहीं समाता
अँधेरे का कोई सिरा
कमीज़ की तरह उतारना पड़ता है
हर बार एक-एक दिन
धुएँ में बदलती जाती है हर बात
शाम के आसेब में
रास्ते खोने लगते हैं, कहीं पहुँचाने का अपना हुनर
जब एक फूँक में झड़ जाता है
दीवार का सारा रोग़न
तब दीवानख़ानों में, जूतों का कीचड़ ही कहता है
आगे का सारा हाल
और उन नामुराद जूतों से भी
मरे चूहों जैसी बदबू आती है
आदमी सोचता है ये कैसी बदअम्नी है
और तभी
एक चम्मच के मोड़ में
उलट जाती है दुनिया
कानाफूसी में बदलने लगते हैं
मोम से चेहरे
और रौशनी सिर्फ़ थामे रहती है
बदकारी के सुतून
आवाज़ मुँह से निकलते ही

छलनी कर दी जाती है
सरे राह..
दोस्त भी ख़ंजर बनकर ढूँढ़ते हैं,
हमारा धँसा सीना
जब एक ज़रा-सी ओट में भी
ओट नामुमकिन हो जाती है
तब क्या कहें!
ख़ाब में भी
बन्दूक़ की ठंडी नाल की तरह
सारी रात जागना होता है
अपने बिस्तर पर...

[2023]

रौशनी का आख़िरी टुकड़ा

कोई और देखता है वहाँ
उस पेड़ के पीछे से
जिसमें है, एक शब्द जितनी ही रौशनी

एक नमदीदा आधा सूखा पत्ता
काँपता है
हवा, बेचैनी की तरह उसे छूकर गुज़र जाती है

पानी गिरता है
और गिरता चला जाता है
धारासार...
ओट भीगता है
भीगता है... रौशनी का आख़िरी टुकड़ा

अब घास में है रौशनी का आख़िरी टुकड़ा
जिसे चींटियाँ ढो रही हैं
अपनी चमकती पीठ पर
जिसे कोई और देखता है वहाँ।

[2021]

घर का इन्तज़ार

घर एक आश्वस्ति है
कि कोई लौटेगा ज़रूर
जिसे घर सुनाएगा
अपने इन्तज़ार की
लम्बी दास्तान

घर खंडहर होने के बाद भी
एक आश्वस्ति है
कि वहाँ कभी
लग सकता है एक तंदूर
जल सकता है
एक चूल्हा
फैल सकती है
रोटियों की नर्म ख़ुश्बू
उठ सकता है धुआँ...

जिनके घर नहीं
उनका कौन करता है
इस दुनिया में
इस क़दर इन्तज़ार?

[2023]

कंधे

कंधों की एक अजीब दुनिया है
जिसकी शहतीर पर टँगी रहती है ये देह उम्र-भर
फिसलने और ध्वंस के ऐन पहले तक

गो आँखों और कंधों का मुआज़ना ही नहीं
आँखों का फ़रेब, हर बार कहते हैं कंधे, ज़ोर-ज़ोर से
जैसे मासूम बच्चे नहीं जानते बड़ों की मक्कार दुनिया को
जहाँ सच को सच की तरह कहना
बेवक़ूफ़ी समझी जाती है भारी

पलकें झुकती हैं कंधों के बाद
सिज्दे में सिर कंधों के बाद झुकता है
कंधों की ज़िम्मेदारी अधिक है
उन्हीं पर हैं सवाब और गुनाह के दफ़्तर
दो फ़रिश्ते
दो बौने पहाड़
दो परियाँ
और दो पक्के दोस्त

कभी-कभी विश्वास नहीं होता कि कंधे फूलों से खिलते हैं
कंधों की अदृश्य गलियाँ, महकती और गूँजती हैं

गुमशुदा आवाज़ों के गुलदस्तों-सी...
कितनी आवाज़ें—निश्छल और भरोसेमंद
और सच्ची और उदास
और दरवाज़ों की बग़लों में ख़ामोश
ठंडी आवाज़ों-सी
सन्नाती हुई

जो एहसास ज़ेह्न से ख़ारिज हुआ
समझो कंधों ने उन्हें जगह दी
कंधे पैदायशी मज़लूमे-शह्र हैं
मय्यतों की तदफ़ीन का बेइन्तहा बार उठाए
मुआशरे और तहज़ीब का बार उठाए
करोड़ों बर्फ़ हुए आँसुओं का बार उठाए
अब खारे हो चुके हैं कंधे
वे पनाह चाहते हैं आपसे
आप उन्हें पुकारते हैं, वे अनसुना कर देते हैं
कंधे कंधों में ही ग़र्क़ हैं

शहद की गोलियाँ और दूध की नहरें
कंधों में होती हैं
जिन्हें लाखों खच्चर
दुनिया की इब्तिदा से ही ढो रहे हैं...
कंधे मज़बूत पुल हैं
जो दो दुनियाओं और दो इंसानों को जोड़ते हैं
इस शर्त के साथ
कि उनमें हाकिम और ग़ुलाम का नहीं
बल्कि मज़लूमियत का रिश्ता हो
इंसानियत का रिश्ता हो
कंधे नींद में होते हैं और ख़ाब देखते हैं
क़िस्म-क़िस्म की रोटियों के

तंदूरी, शीरमाल, बाक़रख़ानी, रुमाली, ख़मीरी
और लाल आँसुओं की नहरों का
जिनमें तिरती हैं चिट्ठियाँ
ताज़े और पुराने तशद्दुद में हलाक़
गुमशुदा लोगों की
जो आती रहती हैं ख़ाब की दुनियाओं से
मुसलसल बौछारों-सी
ये जानते हुए भी
कि उन्हें पढ़ने वाले
अब इस दुनिया में नहीं हैं

रोटियाँ ख़ाब में भी चमकती
और फूलती रहती हैं
अपनी लज़ीज़ ख़ुश्बू में
ख़ून की बू समेटे...

कंधे चीख़ते हैं नींदों में
आर्तनाद करते हैं
अजीब आवाज़ें निकालते हुए जागते हैं
और डर के मारे दुबक जाते हैं कंधों में

उन्हें तशद्दुद नहीं अम्न चाहिए
वे जमा होते हैं शहर की सबसे भीड़ वाली जगहों में
अपनी फूलों वाली तख़्तियाँ उठाए
अम्न और भाईचारे की गुहार लगाते
आँसू छलकाते
आप कंधों को मुसलमान समझते हैं
वे चीख़ते हैं कि हम मुसलमान नहीं, मज़लूम हैं
मज़दूर हैं, मेहनतकश हैं, ग़रीब हैं, इंसान हैं
आप हमें बख़्श दीजिये

आप हमें जीने दीजिये
हमें गुजरात याद है
हमें दिल्ली याद है
हमें मुज़फ़्फ़रनगर याद है
हमें मेरठ याद है
हमें भागलपुर याद है
हमें बाबरी मस्जिद का ग़ुबार याद है

हम हाथ जोड़े खड़े हैं
हमें 25 करोड़ वोट नहीं
हमें निस्फ़-सदी के भूत नहीं
हमें हिन्दुओं का दुश्मन नहीं
हमें इंसान समझिए
जो आपके बच्चों की तरह ही
सपने देखते हैं
और बेगुनाह किसी दिन
मारे जाते हैं
और जो बच गए
उन्हें आप तिलतिल मारते हैं...

और इस तरह
देह का गुम्बद फिसल जाता है एक दिन
कंधे झूलते रहते हैं अनंत में
ज़ुल्म की मीयाद गिनते हुए...

[2023]

बहुत सारी शराब

[फ़ूको को याद करते हुए]

इस दुनिया की बेख़बरी से निकलने के लिए मुझे
बहुत सारी शराब चाहिए
बहुत सारी शराब...
और बहुत सारे मिट्टी के प्याले...
जिसमें छलकता बादा-ए-गुलफ़ाम
मैं रिंदों में तक़सीम कर सकूँ...

मयख़्वारो, रिंदो, सरमस्त फ़क़ीरो, दीवानो
कहाँ हो तुम सब?
किस जेलख़ाने में बन्द अपनी ज़ंजीरें पटक रहे हो?

मैं अक्सों के अँधेरे जंगलों में घिरा हूँ
मुझे ज़मीन को ज़मीन
और आसमान को आसमान कहने में भी
शुबहा होता है
मैं तुम्हारे चाँद को चाँद कैसे समझूँ?
जबकि ये किसी नए हथियार का अक्स हो सकता है!

मैं समझौतापरस्ती का क़ायल नहीं
कि इस अक्सों की दुनिया को ही

अस्ल की दुनिया तस्लीम कर जीवित रह सकूँ

मेरे अन्दर अभी भी शराब की रौशनी है

मुझे साक़ी के हाथ पर बिल्कुल भरोसा नहीं है
न इस दुनिया की किसी शराब पर
मुझे शराबे-नाब की ख़ुश्बू चाहिए
मुझे रिंदों, मयख़्वारों, सरमस्त फ़क़ीरों और पागलों की तलाश है!

[2022]

फटी गुलाबी

जब हर शै
अँधेरे में ओझल हो जाती है
बस्ती से उठती गाढ़ी ख़ुश्बू की तरह
चली आती है फटी गुलाबी

जब आँख में
ख़ौफ़ का कंकर लगता है
वो फटी गुलाबी की तरह दिखती है

जब ज़िन्दगी बेहोश होती है
तब उसे फटी गुलाबी का दामन
पनाह देता है

लाल-सफ़ेद में फटी गुलाबी
ओझल हो जाती है

खंडहरों में फटी गुलाबी
अंडे देती है

काली रातों में फटी गुलाबी
लोरियाँ गाती है

थपकियों सुलाती है

ज़ख़्म जब हरा होता है
फटी गुलाबी रुमाल बन जाती है
मरहम लगाती है

जब दुनिया दुत्कार देती है
फटी गुलाबी बाँहें खोल बुलाती है

एक फटी गुलाबी में होते हैं
बेशुमार दन्दाने
चीख़ते वीराने

एक फटी गुलाबी में होता है
सूरग़ा चाँद
खौलता उन्माद

एक फटी गुलाबी में
लिपटा है आसमान
ता-हद्दे-नज़र रेगिस्तान
एक शायर का गुमशुदा दीवान

एक फटी गुलाबी के साये में
होते हैं बेघर लोग
कठिन जुआरी
अफ़ीमची
और नमकहराम

ज़मीन पर बिखरी है फटी गुलाबी
ख़ून में लिथड़ी है फटी गुलाबी

फोड़े की तरह फूटी है फटी गुलाबी
तारों की तरह टूटी है फटी गुलाबी
एक मुहर है फटी गुलाबी
एक ज़हर है फटी गुलाबी
एक आमेज़िश है फटी गुलाबी
गहरी साज़िश है फटी गुलाबी
बादलों-सी हल्की है फटी गुलाबी
मन से भारी है फटी गुलाबी
नैन कटारी है फटी गुलाबी
बहुत तेज़-रौ है फटी गुलाबी
एक सुस्त गौ है फटी गुलाबी
आईनाख़ाने में जलवागर है फटी गुलाबी
एक ग़रीब का जिगर है फटी गुलाबी
बेसहारों का सहारा है फटी गुलाबी
छत्तीस का पहाड़ा है फटी गुलाबी

आख़िर है क्या चीज़ ये फटी गुलाबी?
इस बात से पूरी तरह अनजान है
फटी गुलाबी।

[2023]

अलिखित कविताएँ

हर बार कविता नहीं बनती
बस आँखें सूँघती हैं कुछ शब्दों में
और दूसरी तरफ़ चली जाती हैं
बकरियों-सी निरुद्देश्य...

बिम्ब धुंध में खो जाते हैं...
और प्रतीक और रूपक
काम के नहीं लगते
लय, दुःख के साथ
ठिठोली करती लगती है

मन होता है, कुछ हकलाहट में बक दूँ
फिर ख़ामोश होकर छोड़ देना होता है
क्योंकि उस वक़्त कुछ भी कहना
दुःख को कुंद ही करता है

हर बार कविता नहीं बनती
हर बार सब कुछ कहना भी, अपर्याप्त होता है।

[2023]

कालजयी कविता

तमाम हताशा के बावजूद
ये दिन किसी सौभाग्य से कम नहीं
जो अचानक मोड़ पर मिल गया
वक़्त नहीं था मेरे पास
कि ठहरकर ठीक से
हाल-चाल दरयाफ़्त करता
लेकिन उसे देखकर
एक ख़ुशी महसूस कर रहा हूँ

अगले मोड़ पर शाम से टकराऊँगा
जब वो दुकान समेट रही होगी
और उसके अगले ही मोड़ पर
रात से उलझ पड़ूँगा
जब वो मुझपे
रौब झाड़ने की कोशिश करेगी

लेकिन उसके अगले मोड़ पर
एक ओझल दरवाज़ा मिलेगा
जिसके पार क्या है, मुझे नहीं मालूम
उसका नक़्शा भी मेरे पास नहीं
लेकिन जो भी हो

मुझे उसमें गहरी दिलचस्पी है
शायद उसके पार
शब्दों के विराट ध्वंसावशेष
मेरी ही राह देख रहे हों
जिनसे रची जा सके
मेरे दौर की
एक कालजयी कविता।

[2021]

कविता मेरा मुल्क है

संगीत
किसी धर्म से अधिक पवित्र चीज़ है
मनुष्य के कंठ में ही है मोक्ष
गीली मुस्कुराहट से भीगे मुख से अधिक सुंदर
कुछ भी नहीं है इस पृथ्वी पर
कुछ भी नहीं...

कविता मेरा मुल्क है
जहाँ ईश्वरों का प्रवेश वर्जित है।

[2020]

मैं मिलूँगा तुमसे

मैं मिलूँगा तुमसे
किसी सरपट भागते दिन की छिटकी उदासी में
टखनों तक कीचड़ में लिथड़ा
अपनी दुनिया की बदहवासी की थकन ओढ़े
किसी हर्फ़ की छाया गिनता...

मैं मिलूँगा तुमसे
एक असमाप्त वाक्य की गोधूलि में
एक कविता की पंक्तियों के बीच
कुछ सलीक़े बरतता
अपनी तुर्शी छुपाता
ताक़त की लाल मूठ पर
तुम्हारी हथेली की पकड़ देखता

मैं मिलूँगा तुमसे
ज़रूर मिलूँगा
तुम पर एक पूरी नज़र डालूँगा
और तुम्हारे विपरीत
एक सूने पथ की ओर
बढ़ जाऊँगा डगमग...

[2023]

ऐसा नहीं है

ऐसा नहीं है कि हमें ज़िन्दगी अज़ीज़ नहीं
ऐसा नहीं है कि हम कायर हैं
ऐसा नहीं है कि हमें फूल बुरे लगते हैं
ऐसा नहीं है कि हम कामचोर हैं
ऐसा नहीं है कि हमें आलूबुख़ारा बहुत पसन्द है
ऐसा नहीं है कि हम रोटी में चावल भरने के आदी हैं
ऐसा नहीं है कि आप हमारे दोस्त नहीं रहे
बात बस इतनी है कि छत्तीस का पहाड़ा, छत्तीस का पहाड़ा है
और हमें अब किसी चीज़ से कोई उम्मीद नहीं रही।

[2023]

बशारत

हमारी ज़िन्दगी को जहन्नुम बनाने वाले
जा मैंने दी तुझे बशारत[1] जन्नत की
तू पिये आबे-हयात[2]
जिये हमेशा
तुझ पर ही हों सारी नेमतें तमाम
क्योंकि तेरी लालसा से हमेशा
अधिक ही रहेगा
इस पृथ्वी पर
हमें अतृप्ति के समुद्र में डुबोने वाले
तू तृप्ति के सागर में नाचे
धर्म-कर्म-ज्ञान की, अपनी पोथी बाँचे

हालाँकि नहीं मैं कोई
पीर-पैग़म्बर-फ़क़ीर-देवदूत
हालाँकि यह भी कोई कविता नहीं
थैली है ताज़े ख़ून की
तेरे मुँह से लगी हुई...

[2023]

---

1. ख़ुशख़बरी; 2. ऐसा पानी जिसे पीकर अमरता हासिल हो।

तिलिस्म

मैं एक तिलिस्म में दाख़िल हुआ
जहाँ थीं कच्ची सीढ़ियाँ
हवा में झूलती

सुनहरे दरवाज़े
सोने के तालों में बन्द

अनंत गलियारों में फैली
एक वृहद लाइब्रेरी

एक ओझल अलमारी
गुलाबी-सी

धुँधले चेहरे
परछाइयों से हल्के

अबूझ पारदर्शी बोयामों में भरे
जिस्म के आज़ा[1]

धुंध में डूबते पहाड़
और धूल में खोते क़ाफ़िले

---

1. अंग।

एक पेड़ से लटकती
गर्म तलवारें

पीली रौशनी में उगे
ओझल रास्ते

पाँवों के धुँधले गीले निशान
चारों ओर भागते

एक ज़ोर की धूल भरी आँधी
और तेज़ बारिश
पट्...पट्...की आवाज़

मैं जब तक एक शब्द लिखता
लाखों कविताएँ बूड़ चुकी होती हैं
विस्मृति के महासमुंद में

तिलिस्म के बाहर
मैं होशमंद
ख़मोश
अपने ही इन्तज़ार में खड़ा।

[2023]

कुछ देर में

कुछ देर में पिघल जाएगी बर्फ़
कुछ देर में गल जाएँगे पेड़
कुछ देर में राख हो जाएँगे शहर
कुछ देर में अदृश्य हो जाएँगी नदियाँ
कुछ देर में ठंडी पड़ जाएगी इच्छाओं की लाल टोकरी
कुछ देर में धूल की तरह उड़ जाएँगी शिकायतें
कुछ देर में चटख़ जाएगा आईना
कुछ देर में नष्ट हो जाएगी भाषा
कुछ देर में बुझ जाएगा सूर्य
कुछ देर में लपेट दिया जाएगा आसमान
कुछ देर में सुगबुगाएँगे पहाड़
कुछ देर में बेमानी हो जाएगी ये ज़िन्दगी
कुछ देर में खो जाएगी वो सुरीली आवाज़

तब तक चलो मैं झुक कर
अपने जूतों के तस्मे बाँध लूँ!

[2023]

कविता का जनतंत्र

मुझे दी गई एक शक्ल
जो मेरी नहीं थी
मुझे दिया गया एक भविष्य
जो मेरा नहीं था
मुझ पर थोपी गई एक भाषा
जो मेरी नहीं थी
मुझे दिया गया एक देस
जो मेरा नहीं था

इसलिए मैं लौटाता हूँ तुम्हें
ये शक्ल
ये भविष्य
ये भाषा
और ये देस

ये जानते हुए भी कि
लम्बा और बेहद ख़तरनाक होने वाला है
ये सफ़र
इस महाभ्रम के जाल के उस पार
जाना ही होगा मुझे
ढूँढ़नी ही होगी अपनी शक्ल

खोजना ही होगा अपना भविष्य
बनानी ही होगी अपनी भाषा
और पाना ही होगा अपना देस।

[2021]

रद्द

मैं तुम्हारी कविताएँ जाँचता हूँ
ऊँघते हुए
और रद्द करता हूँ कई-कई सतरें...

तुम खूसट कवि!
        चैन की साँस
                क्यों नहीं लेते
                        अपनी क़ब्र में भी?

जैसे मैं लूँगा चैन
अपनी आगामी क़ब्र में
जब कोई युवा रद्द करेगा मेरी पंक्तियाँ
                मेरी दिलफ़रेब कविताएँ।

[2022]

चूहे

एक हौलनाक अँधेरे में
चूहे
बेधड़क घुस रहे हैं
एक साथ

उन्हें रात का ये पहर मुनासिब लगता है
शबख़ून मारने के लिए

इतने सारे चूहे
कुछ पीले
कुछ सुर्ख़
कुछ सफ़ेद
क़िस्म-क़िस्म के चूहे
गिरोह बनाकर
हमलावर होते हैं

जैसे कोई बड़ी साज़िश के ख़िलाफ़
अन्तिम मुठभेड़ के लिए कोशाँ[1] हैं चूहे

1. यत्नरत।

हौलनाक अँधेरे में घुसते
बेधड़क
कुतर रहे हैं रात
ये जानते हुए भी
कि सुब्ह उन्हें नहीं बख़्शेगी
बिल्कुल भी नहीं
जब वे मुँह डुबोये कुतर रहे होंगे रात
उन्हें मार दिया जाएगा
ख़त्म कर दिया जाएगा उन्हें

इस बात से बेफ़िक्र होकर
वे कुतर रहे हैं रात
उनके लिए मायने नहीं रखती
और कोई भी बात

ये रात उनका जहाज़ है
ये रात उनका महाज़ है
ये रात उनका ख़ाब है
ये रात ख़तरनाक बाब है
जो कुछ है, इसी रात में है

दरअस्ल रात उनकी ग़ुलामी का नक़्शा है
जिसे वे कुतर देना चाहते हैं
आज की रात
हमेशा-हमेशा के लिए।

[2023]

उनकी हँसी, फटा नक़्शा और आज़ादी

उन्होंने कहा : हम तुम्हें देंगे सबकुछ
तुम हमारे साथ आ जाओ
हमें तुम्हारी ज़रूरत तो नहीं
बल्कि तुम्हें ही हमारी
ज़रूरत है
सख़्त

हमने कहा : हमें कुछ नहीं चाहिए
तुम लौट जाओ!
दफ़ा हो जाओ!
जिसे सुनकर वे हँसते रहे
एक हज़ार
दो हज़ार
तीन हज़ार
या उससे भी ज़्यादा सालों तक
अगर ज़मीन पर
अपने कान धरो
तो उनकी वो मग़रूर हँसी
अब भी सुनाई देगी...

उन्होंने हमें फुसलाकर एक स्लेट दी
और कहा : इसपे उन चीज़ों की शक्लें उतारो

जो तुम्हें सबसे अज़ीज़ हैं
हमने ऐसा ही किया
और वे दोबारा हँसे
जिसे हम समझ न सके

उन्होंने हमें क़तारबन्द कर
एक अँधेरी सुरंग में उतार दिया
और कहा उस पार निकल चलो
जहाँ हमने तुम्हारी अज़ीज़ चीज़ों को
छुपा रखा है
तुम्हारे लिए

इस तरह हम भटकते रहे
उस नामुराद सुरंग में
जिसका सिरा ढूढ़ने में हमें
ज़माने लग गए

लेकिन जब हम एक दिन
सुरंग से बाहर निकले
वे हम पर तीसरी दफ़ा हँसे
और हम पर टूट पड़े
तब हम समझे
वे हमसे एक बेहद घिनौना खेल खेल रहे थे

आगे उन्होंने कहा, वे हमें लड़ना सिखाएँगे
ताकि हम ख़ुद की हिफ़ाज़त कर सकें
जिस पर हमने कहा—
ख़ुदग़र्ज़ लुटेरो!
हमें तुमसे कुछ नहीं सीखना
हमें तुम्हारी कोई ज़रूरत नहीं

तुम बस हमसे लूटी हुई
हमारी चीज़ें हमें वापिस करो
जिस पर वे
आख़िरी बार हँसे
और अचानक ग़ायब हो गए...

इसके बाद हमने रू-ए-ज़मीन पर
अपनी याददाश्त उकेरी
और उन्हें एक फटे नक़्शे में
पकड़ने की कोशिशें करने लगे
जो हर बार अपनी शक्ल बदल देता
हमें नक़्शे का वो खोया टुकड़ा
ढूँढना ही था
जिसकी मदद से हम
दुबारा अपनी आज़ादी को
हासिल कर सकते थे
इसलिए हमने नींद के सारे दरवाज़े
कई सदियों के लिए बन्द कर दिए...

[2021]

धूल

ये क्या कि जब भी घर से निकलो
एक पैर का जूता
चौखटे में ज़रूर अड़ता है
और सिर दरवाज़े में न भिड़े
तो समझूँ आज का दिन कुछ मेहरबान हुआ
ख़ुदा सलामत रखे इन बढ़इयों को
जिन्होंने आदमी का नाप
हमेशा कम करके आँका
मुमकिन है लकड़ियों की दोस्ती ने
उन्हें पूरा आदमीनामा
ज़ुबानी याद करवा दिया हो
वैसे दावे से कुछ कह नहीं सकते
और कविता में तो बिल्कुल भी नहीं
दावे और दवा के संबंध में
कोई फ़ैसलाकुन बात कहना
एक आदिमाना भूल है
जो मैं अक्सर कर बैठता हूँ
भूल किसी से कहीं भी हो सकती है
और धूल का क्या है!
उसे रोकना लगभग नामुमकिन है

कि उसे काँच की दीवार भी नहीं रोक सकती
लगता है, कविता सुनाने की मुद्रा में वह
कान के बिल्कुल क़रीब आती है
और फिर क्या!
भठ कर इतिहास में
कहीं सो जाती है धूल...

लेकिन धूल में मिलना और फूल-सा खिलना
कोई मज़ाक़ बात नहीं है
फूल तो काग़ज़ और प्लास्टिक के भी होते हैं
और ज़ख़्मों के भी
ज़ख़्म की जगह पर बाज़ दफ़े
कोई और ज़ख़्म सिर उठाने लगता है
बाग़ियों की तरह नहीं
बल्कि शगूफ़ों की तरह
छटपटाता
जिस पर मुस्तक़बिल में लगेंगे
ज़ख़्मों के मायावी फल

पुरानी फ़ाइलों और दराज़ों और बोसीदा बयाज़ों में
पड़ी-पड़ी कविताएँ जब-तब एहतेजाज़ पर
उतारू हो जाती हैं कि हमें मुक्त करो!
हमें बख़्शो!
हमें नहीं चाहिए कोई अमरता
हमें नहीं चाहिए कोई उत्तरजीवन
हमें भाषा के क़ब्रिस्तान में
दफ़्न कर दो
चुपचाप रात के ढाई बजे

मैं इस गुहार से काफ़ी विचलित हो उठता हूँ

और एक मुल्तवी की हुई खीझ भरे ग़ुस्से में चीख़ता हूँ
कि जहाँ आदमी की कोई क़ीमत नहीं
वहाँ तुम्हें बेशक़ीमती होने का इतना गुमान है
कि चुपचाप कुछ और साल नहीं पड़ी रह सकतीं वहीं
जहाँ तुम्हें सईंत कर मैं भूल गया हूँ!
यूँ कूड़े में मुँह न छुपाओ, सामने आओ!
तुम्हें अभी धूल के हवाले करता हूँ!
बस इतनी-सी बात
और वो लगभग बेहोश, गुम, बे-नामो-नुमूद, ग़ायब!
शायद किसी ख़ाब में गुमशुदा
जिसकी रिपोर्ट भी अब
मुझे ही लिखवानी पड़ेगी
ये जानते हुए भी
कि गुमशुदगी की रिपोर्टों के दफ़्तर के दफ़्तर
सदियों से धूल खा रहे हैं
लेकिन मजबूर आदमी रिपोर्ट भी न लिखाए
तो करे क्या?
कम से कम ये भरम तो बना रहे
कि गुमशुदा की तलाश जारी है
शायद उम्र, इस भरम और इस तवील इन्तज़ार में
पड़ी तमाम हो जाए
इंसाफ़ मिले न मिले
इंसाफ़ की उम्मीद और इंसाफ़ की हवस
दोनों का होना
इंसानी ज़ात के लिए बेहद ज़रूरी शै हैं
हालाँकि फ़िलवक़्त तो ज़रूरी रोटी और आत्मसम्मान हैं
जिन्हें इंसानों की बस्ती और आत्मा से बेदख़ल कर
आलीशान अजायबघरों में
संरक्षित करने की आलमी मुहिम चल रही है
जिसके जलसे का विज्ञापन

एक भूखे के गाल पर नक़्श था
जिसके हाथ में एक छोटा-सा तिरशूल था
जिसे दंगों से पहले
उसके ग़ैरमज़हबी दोस्त ने
उसकी बेइन्तहा ज़िद पर
त्रिशूल पूजन के ऐन पहले
उसके लिए ख़रीदा था
जिसे वो आइंदा के दंगों में
उसकी ही रूह में शायद उतार दे
और आइंदा चुनावों तक सड़कर
एक मामूली अँगूठे में तब्दील हो जाये
जिससे सिर्फ़ वोट लिया जा सकता है

मैं सोचता हूँ बेदख़ल ख़ाबों के बारे में
कि आख़िर वे कहाँ पनाह लेते होंगे
जब छज्जों से बारिश की जगह
आग बरसती होगी
जो बिल्कुल भूल चुकी है अब
अन्दाज़े-गुलिस्ताँ होना
उसे तो सिर्फ़ याद है
ख़ाबों को ख़ाक होने की हद तक जलाना
भस्म करना...

मुझे लगता है ख़ाब किसी खोह में फ़रारी काट रहे हैं
जिन्हें इंसानों ने शताब्दियों पहले
उपेक्षित कर दिया था
लेकिन आज वो अपने ही बनाये मकानों और बसाए शहरों में
अजनबियत का शिकार
चुल्लू से पानी पी रहा और खाँस रहा है
और बदहवास अपनी जलावतनी का इन्तज़ार कर रहा है

लेकिन आज की ऐन सुबह सवाल ये है
कि उसे टीवी ने ज़्यादा बर्बाद किया है
या उसकी आत्मा में उड़ती हुई धूल ने
जो किसी करवट बैठने पर आमादा नहीं
उसका होना ही अपने आप में एक साज़िश है
जिसकी जाँच में सरकारी एजेंसियाँ कोशाँ हैं
वो जिस्मानी बीमारी का शिकार है
या कि ज़ेहनी या कि रूहानी?
या कि एक साथ इन तीनों का
उसे तबीबों और हकीमों की दरकार है
या पीरों और फ़क़ीरों की
लेकिन बक़ौल ग़ालिब, 'साये की तरह हमपे अजब वक़्त पड़ा है'
और ऐसे वक़्त में उसे किस पीर की मज़ार मुनासिब हो!
गो एक ज़माने में हिन्दवी और रेख़्ते का हर शाइर
किसी पीर से कम न था
और उसकी मज़ार एक ज़िन्दा दर्सगाह हुआ करती थी
लेकिन हालात ये हैं
कि जहाँ सोया है मीर
टुक रोते-रोते
वहाँ अब रेलवे लाइन धड़धड़ाती गुज़रती है
वली, जिसके दीवान का बाब
ता-क़यामत खुला है
उसका मज़ार तो कब का तोड़ डाला गया
हालाँकि अब तो इंसान ही एक मज़ार है
एक झूलती मज़ार
अब तो हर सूँ इबादतगाह
हर सूँ पीर की ख़ानक़ाह
लोहारू के क़ब्रिस्तान में ग़ालिब
अपनी क़ब्र में पड़ा चीख़ पड़ता है
—आदमी को भी मयस्सर नहीं इंसाँ होना

नबी करीम के तंग कूचे में पड़ा ज़ौक़
कराहते हुए अपनी क़ब्र में करवट बदलता है
और रंगून में कसकता है बहादुर शाह
शाइर और आख़िरी बादशाह
सल्तनते-मुग़लिया
सोचता है—
जिस हिन्दुस्तान की दो ग़ज़ ज़मीन का सोग रहा
जलावतनी के दिनों में सबसे ज़्यादा
अब वो हिन्दुस्तान ही न रहा
दारा, अपने सिरकटे धड़ के साथ लरज़ता है
हुमायूँ के मक़बरे में
और ढूँढने की कोशिश करता है
अपनी क़लम और अपना चेहरा
और उपनिषदों के तराजिम के मसौदे
इस बात से अंजान
कि उसका प्यारा हिन्दुस्तान तो खो गया...

दिल्ली एक फ़न्तासी है
जो शुमाल से जुनूब तक फैली है
जहाँ रात-भर फुसफुसाते हैं
बेनाम खंडहर और मक़ाबिर...

कल बहस इस बात पर चली
कि आदमी के अन्दर ख़ून की जगह अब
लाल पत्थर भर गया है
जो जिस्म कटते ही
काला पड़ जाता है
इस बड़े फ़र्ज़ीवाड़े के लिए
क्यूँ न उन्हें रिमांड पर कुछ दिन रखा जाए
आख़िर तफ़्तीश से ही तो

सच का पता लगाया जा सकता है
तिरछोल लोगों के एक गिरोह ने
तन्दही से ज्ञापन आला अफ़्सर को सौंप दिया है
अब देखना है क़ानून की चक्की से
इंसाफ़ के आटे की जगह
धूल निकलती है या कोई महीन साज़िश

जेहालत और नफ़रत का बुर्ज उसकी आँखों से झलकता है
जो उसकी रूह का ख़ासा है
जिसे उसने अमूमन दो सदियों में गढ़ा है
इस बुर्ज पर चीकट कपड़े
थूक और सूखे और ताज़े ख़ून के दाग़ हैं
जिस पर रखे चराग़ अँधेरा उगलते हैं
वो इस तुर्श अँधेरे को उजाला समझता है
और हर तरह की बग़ावत पर नज़र गड़ाए
शाह बुर्ज पर बैठा चाय पीता है
उसकी आँखों में सदियों की मैल है
उसे जमुना का पानी नहीं धो सकता
और गंगा का तो बिल्कुल भी नहीं
वो नफ़रत में इतना डूबा है
कि उसे उसकी ख़ुदकुशी ही अब पाक कर सकती है
जिसका दूर-दूर तक कोई इमकान नहीं
अभी वो सरदारे-महफ़िल है
मीरे-मजलिस है
अपने ही काँच के महल में
जूतियाँ चटकाता फिर रहा है
इस बात से अनजान
कि मौत उसे शद्दाद[1] की तरह

1. पैग़म्बर हूद की कौम का एक बादशाह जिसने ख़ुदा की जन्नत के बारे में सुनकर धरती पर ही जन्नत बनवाई लेकिन उसमें पाँव धरने से पहले ही मौत ने उसे दबोच लिया।

कहीं भी दबोच सकती है
मरने के लिए तो एक मोच ही काफ़ी है
या दरवाज़े की चौखट की एक मामूली ठोकर
और मुट्ठी-भर धूल।

[2021-23]

मैं तुमसे तुम्हारी क़लम छीनने ज़रूर आऊँगा

सूखी लकड़ियाँ ऐंठती हैं
पट-पट तड़कती हुईं
वैसे जला ये शहर
स्याह धुएँ में गले-गले डूबा...

आख़िरी बार ही था
जब सौदा-सुलफ़ लेने
बाज़ार गया हुआ था
जब आग की लपटें मेरी ओर
लाल नागों की तरह लपकी थीं
और मैंने उनकी आँखों में
अपना लोहू झोंक दिया था

मैं लगभग उड़ते हुए
हवा में लटके
तिरछे पुल के पास गया
जब घण्टाघर की बारीक सुई
मेरी ज़ंग खाई जेब से
बाहर गिरने को आ गई थी
और तब पुल की परछाईं
पानी में सुर्ख़ पड़ चुकी थी

आसमान नीला पड़ चुका था

मैं जल्दी से एक घिसे पुर्ज़े में घुस
उसे खोलने की कोशिश करने लगा

मुझे मालूम था
आग, पुल खुलने के बाद भी आएगी
उसे पुल नहीं
बल्कि नील और सुनहरे कीचड़ में लिथड़े
सींगों वाले दो बैल
अपनी पीठ पर उठाकर
ले आएँगे शहर में
जिनके पैरों में आहनगर[1]
अपना सारा आहन[2]
मढ़ चुके होंगे

वे शहर में दरिया के रास्ते नहीं
पुल के रास्ते भी नहीं
आदमियों की पीठों पे सवार होकर आएँगे
और सारा शहर जब आग के नागों से घिरा होगा
तब मैं मोटी रोटियों में चमचा लगा रहा होऊँगा
जब वो राख में फड़फड़ा रही होंगी
तंदूर आख़िरी दफ़े अपना मुँह फाड़ेगी
और तब मैं चिमटी से उसका मुँह सिल दूँगा

मैं कश्तियों के तख़्ते जमा करूँगा
और गुमनाम क़ुफ़्लों[3] की चाबियाँ
और उन्हें अपनी पीठ पर लादकर

---

1. लुहार; 2. लोहा; 3. ताले।

शहर के गिर्द एक पूरा चक्कर लगाऊँगा
और लोगों को इकट्ठा कर उन्हें
आग की कहानियाँ सुनाऊँगा

मैं सुनहरे मेहराबों पर अपनी पतंगों के माँझे छोड़ दूँगा
ताकि कोई उन्हें माँझों सहित उठा सके
मैं सड़कों की जड़ें खोद
उनकी बुनियाद तक जाऊँगा
और उनके पैर बनाऊँगा
ताकि सड़कें ख़ुद दौड़ पड़ें...
जब चाँद, रौशनी उगलते-उगलते काला पड़ जाएगा
मैं धुएँ की कालख को
जो पूरे शहर पर पुत चुकी होगी
अपनी आस्तीन से पोंछने की कोशिश करूँगा
जब फ़ासिक़[1]
सरे-मिम्बर[2] सुर्ख़-रू होगा
और कहेगा—ये आग तो कुछ भी नहीं
इत्मीनान रखें! आप महफ़ूज़ हैं
तब लोग चीख़ेंगे—ये आग तो हमने पहले भी देखी थी!
—ये आग हमें क्या तो याद नहीं कहाँ देखी थी!
—इस आग को हम अच्छी तरह पहचानते हैं!
—अब हम इसे कभी नहीं भूलना चाहेंगे!

और आग उन्हें इसका कोई मौक़ा नहीं देगी...

जब वे आख़िरी बार शहर को
दरिया में खींचने की
नाकाम कोशिश कर रहे होंगे

---

1. बदकार, झूठा; 2. ऊँचा स्थान जहाँ से धर्मावलम्बी प्रवचन देते हैं।

आग सब पर छा जाएगी
पानी सुर्ख़ हो-हो जलेगा
पत्थर स्याह हो-हो जलेंगे
पेड़ अपने परिंदों के साथ उड़ने की कोशिश में
जल-जल मरेंगे
एक नोकदार कुर्सी पर
तुम बैठ मेरा इन्तज़ार मत करना
जब शहर राख में तब्दील हो चुका होगा
और ओझल खिड़कियाँ
ओझल हो चुकी होंगी
सदा के लिए
मैं तुमसे तुम्हारी क़लम छीनने ज़रूर आऊँगा।

[2022]

मशाल

मुझे एक मशाल की दरकार है
पुरानी मिल जाये
तो और कारआमद होगी मेरे लिए
वरना मैं अपनी सहूलत से
एक मशाल तख़लीक़ कर लूँगा
और उसे शहर की
सबसे पुरानी बावली या कुएँ में डाल दूँगा

मुझे पानी का मोजिज़ा[1] देखना है
क्योंकि पानी एक पुराना साहिर[2] है
जिसे मैंने जादू करते
पिछली बरसात में देखा था
जब वो शहर की सबसे मशहूर सराय में
अपने गाहक तलाश रहा था
मैं तब बहुत छोटा था
और सिर्फ़ टॉफ़ियों के बारे में सोचता था
मैंने पानी से दरयाफ़्त किया
कि क्या तुम हवा में हाथ घुमाकर
पानी की टॉफ़ियाँ निकाल सकते हो?
वो हँसा और अपने घोड़े की ज़ीन झाड़ने लगा

---

1. करामात, चमत्कार; 2. जादूगर।

मैं भी कहाँ मानने वाला था, मैंने उसे ऐसा करने के लिए
एक जीतल[1] उसकी हथेली पर धर दिया
उसने कहा—मुझे आग के पास ले चलो
मैं आग में से चाँदी की मिठाई निकालूँगा
मैंने कहा—मुझे चाँदी की मिठाई नहीं
पानी की टॉफ़ी चाहिए!

फिर वो मुझे
दरिया दरवाज़े तक ले गया
और वहाँ पड़ी एक मशाल
हवा में उछालकर
जमुना से उसने पानी की ढेर सारी टॉफ़ियाँ निकालकर दीं
और फिर ग़ायब हो गया...

मैंने देखा एक बूढ़ा बादशाह
वहाँ से अभी दरिया के रास्ते जा रहा था
मैंने उसे रोकना चाहा
ताकि उसे साहिर के मोजिज़े के बारे में बतलाऊँ
और पानी की टॉफ़ियाँ खिलाऊँ
लेकिन मेरी पहुँच से वो
एक लम्हे में ही दूर चला गया
सो मैंने दूर से ही उसे पुकारा
और चीख़ता चला गया
ज़िल्ले सुब्हानी!...साहिर का मोजिज़ा!...पानी की टॉफ़ियाँ!...
बूढ़ा बादशाह सिर गड़ाए
पानी पर क़दम रखते ही
ओझल हो गया
और मैं फिर से उसी सराय में
लौट आया...

1. ताँबे का सिक्का।

मैं बताना चाहता था
साहिर के मोजिज़े के बारे में
सभों को
लेकिन वहाँ तो अफ़रातफ़री का माहौल था
लोग अपने ख़ंजर और शमशीरें तलाश रहे थे
तो कोई गिरह का माल सँभाल रहा था
तो कोई अपनी मूँछों की नोक सीधी कर रहा था
तो कुछ पीपों में छुप रहे थे
अजीब देसी शोर था वहाँ
दिलावर ख़ान और किशन सिंह
कुछ सिपाहियों के साथ
रवानगी के लिए एकदम तैयार थे
उनकी शमशीरों में अजीब चमक थी और चेहरे पर
एक पुख़्तगी
कुछ लोग
कूचों और शाहराहों की जानिब
भागे जाते थे
जहाँ एक हाथी
सुबकता जा रहा था
जिसके पैर में लकड़ी के पहिये लगे थे
मैंने महावत की तरफ़
एक टॉफ़ी उछाली
और उसने बदले में मुझे
दो दीनार दिए
जिसकी मुझे फ़िलवक़्त
कोई ज़रूरत नहीं थी
सो मैं किसी ज़रूरतमंद की तलाश में
दिल्ली दरवाज़े की तरफ़ बढ़ने लगा
जहाँ एक बड़ा मजमा लगा था
मैंने सिर उचकाकर देखने की कोशिश की

लेकिन अफ़सोस! कुछ न देख सका
सो मैं आगे बढ़ गया
और तभी गोलियों का शोर
मेरी तरफ़ काले रूमालों की शक्ल में लपका
जिसमें घायल परिंदों की कँपकपी थी
और मैं दरिया की तरफ़ भाग निकला...
वहाँ साहिर मुझे फिर से मिल गया
उसने पूछा—कि क्या मुझे और टॉफ़ियाँ चाहिए
मैंने इनकार में सिर हिलाया
उसने फिर मुझे
पानी की क़लम हवा से निकालकर दी
और एक पालकी पर बिठाकर
ख़ुद ग़ायब हो गया
मैंने कँहारो को दो दीनार दिए
और क़लम, ख़ूनी दरवाज़े में खोंस दी
और उनसे कहा—मुझे लगभग दो सदी बाद उतार देना
और मैं पालकी में ही सो गया
और यूँ दो सदियों तक
अँधेरे और धूल और धुएँ और तबाही
और शोर के बीच से गुज़रता रहा...

जब उठा
मेरा बचपना जा चुका था
पानी की टॉफ़ियाँ चोरी हो गई थीं
अब मुझे मोजिज़े से ज़्यादा
मशाल की ज़रूरत थी
जो किसी बावली या कुँए में
अब भी पड़ी थी।

[2023]

शाइरी

मेरी हथेलियों में
एक दरख़्त की सहमी परछाइयाँ हिलती हैं
जिसके पत्तों पर मैंने
पहली बार लफ़्ज़ों की शक्ल देखी थी
एक लफ़्ज़ पत्ते की तरह हवा में तैरता
मेरे तलुवों में
खुभ गया था
और मैंने महसूस किया सूरज को
जिसे कोई बर्फ़ीले गोले में लपेटकर
तुम्हें सौंप रहा था
सूखा और बेजान सूरज
आटे की लोई की तरह चमकता
और चाँद की तरह आधा महकता...

मैंने शाख़ के कान में सरगोशी से एक राज़ कहा
और पानी ने मुझ पर पीली बारिश के छींटे मारे
जिसमें बचपन के रोज़ों की बास थी
सेनियों भरी
पकौड़ियाँ और घुघनियाँ थीं...

मैंने तुम्हारे क़दमों को चूम लिया

और बादलों की ओढ़नी ओढ़ सो रहा...
न जाने कितनी सदियाँ गुज़रीं
मुझे महसूस न हुआ
अचानक मैं नींद से तब उठा
जब मुझसे मेरी एक उँगली काटकर लूट ली गई
मैंने अपनी शमशीर अपने ही हलक़ में छुपा ली
और ख़ाब के इन्तिज़ार में
दिन के छिलके उतारने बैठ गया
और एक बन्द मीनार में
सदियों गूँजता रहा...
ख़ाब, मुझे च्यूँटियों की क़तार में
कुछ चुपके से ढोता दिखाई दिया
जब अँधेरे ने साज़िशन
मिट्टी पर कालख पोत दी
मैंने ख़ाब के हाथ जोड़े
ख़ाब, मुझे समंदरों के साहिल तक
नींद के ज़ख़्मी घोड़ों पर बिठा
उड़ा ले गया
जहाँ नीले घोंघों ने मुझे
कुछ और लफ़्ज़ों की साख़्त[1] बयान की
और मुझे एक उल्टी रखी कश्ती के पास ले गए
जिसमें एक क़दीम सूराख़
एक लफ़्ज़ को छुपाये बैठा था
मैंने ज़मीन खोदी
और एक नीले चप्पू को ढूँढ निकाला
जिसकी सतह पर बेनाम लफ़्ज़
चिपके हुए मिले
मैंने कश्ती को सिर पर पहन लिया

1. बनावट।

और समंदर में उतर गया
मैंने मछलियों की आवाज़ें निकालने की
बेइन्तहाँ कोशिशें कीं
लेकिन नाकामयाब रहा
और मेरा गला पानी पर गिरता चला गया
उसके बाद मैं ख़ामोशी से सफ़र पर निकल पड़ा
और अपने होंट की राख
पानी पर बिखेर दी
पानी ने मुझे आग की तरह नवाज़ा
जिसे मैंने शाइरी में ख़ुदा कहा
और इस तरह मुझे
लफ़्ज़ों का ख़ज़ाना हाथ लगा
और मैंने उनसे पहली बार लिखा
मोहब्बत
आँसू
दिल
और इंसाफ़!

[2021]

छुटकारा

एक दिलफ़रेब ख़्वाब था
या कोई और दुनिया का मख़्सूस वक़्फ़ा
बताना मुश्किल है...
लेकिन उससे भी मुश्किल ये है
कि जब आँख खुली
मैं मेज़ पर रखे रान की तरह पड़ा था
और मेरे गिर्दो-पेश
एक चार सौ साल पुरानी
तारीकी थी
जिसमें मैं
सिक्के की तरह खनकता था...

मुझे रुई के गोले में बदलकर
एक टिन के बक्स में
हिफ़ाज़त से रखा गया
किसी का ज़ख़्म साफ़ करने के लिए

मुझे आबनूस की लकड़ी के फ़्रेम में
आईना बनाकर
जड़ दिया गया
और शहर की फ़सील पर
लटकाया गया

मैं सैकड़ों साल तक, मनो धूल खाता
और पानी पीता रहा
मेरी लकड़ी को मुलायम समझ
ख़ून और वीर्य पोंछे गए
जिनके निशान
आबनूस में ग़ायब हो जाते...

मैंने जंग के मैदान से
उठते शोर को
गहराई से महसूस किया
जब मेरा शीशा
चटख़ गया
और मैं
अपने आबनूस से
लगभग आज़ाद हो गया...

लेकिन सवाल था
अभी मेरे पास सिर्फ़ दो हाथ और आधा धड़ थे
मेरे पैर अभी भी क़िले के अन्दरूनी हिस्से में दफ़्न थे
मुझे उन्हें पाने के लिए
अपनी ज़ुबान का सौदा करना पड़ा

मुझे एक दरख़्त की ठंडी छाँव में ले जाया गया
जब मैं अपनी तलवार खो चुका था
अपनी ज़ुबान गिरवी रख चुका था
अपनी क़लम तोड़ चुका था
मुझे एक हैबतनाक वाक़ये का किरदार बनाया गया
मुझे नई ज़ुबान पहनाई गई
मुझे एक नई तलवार दी गई

मुझे एक सफ़ेद घोड़े पर
यूँ महाज़ पर रवाना कर दिया गया
जैसे इसी दिन के लिए मैं पैदा हुआ था
जैसे यही मेरा ख़ाब था
यही मेरा किरदार

मैंने लगाम खींची और मेरे हाथ उखड़ गए
मैंने सदाएँ देनी चाहीं और मेरी ज़बान खो गई
मैं घोड़े से उतर गया
और उसके खुरों से
नाल निकालकर
उसे आज़ाद कर दिया
और मैं अपने हाथ
और ज़बान के इन्तज़ार में
रस्ते के किनारे
वहीं लेट गया

और जब मेरी आँख खुली
मैं मेज़ पर रखे रान की तरह पड़ा था

मैंने इस तरह ख़ाब और जिस्म
दोनों से छुटकारा किया।

[2023]

गुमशुदा गुलदस्ते

कुछ पेड़ हैं वहाँ
पानी की तरह ठोस
और हवा की तरह नर्म
और आसमान-से हल्के-गुलाबी

फूल उनमें खिलते
काँटों-से बेशुमार
दहकते शोलों-से
दूर से चमकते...

कच्चे रास्ते
इशारों-से नाज़ुक
झुके चले आते मेरी तरफ़
जहाँ तुम्हारी यादों के
गुमशुदा गुलदस्ते
ढूँढते हैं मेरे पाँव...

इन तुर्श अँधेरों में
अपनी खोई उम्र को सोचता

भटकता हूँ
जहाँ बर्फ़ से भी तेज़
गल जाती हैं यादें...

[2023]

प्यारे दोस्तो!

जहाँ मक्कारी इतनी दिलफ़रेब हो
वहाँ बाज़ कोशिशें
अक्सर काम नहीं आतीं

जहाँ क़त्ल इतने
मुहज़्ज़ब तरीक़े से
किया जाए
कि एक आर्ट-पीस लगने लगे
वहाँ सच को सच की तरह
कभी नहीं कहा जा सकता

ऐसे दौर
तारीख़ में बार-बार आते हैं
जब लगता है
अब कोई उम्मीद नहीं बची
न साथ रोटी खाने की
और न ही साथ में
हुक़्क़ा गुड़गुड़ाने की
लगता है हम अपने बच्चों को
नाहक अपने साथ
लेते आए यहाँ

जिन्हें तसल्ली देने के लिए अब
हमारे पास
एक फूटा ख़ाब भी नहीं...

ऐसे दौर में कविता
सबसे पुरउम्मीद शै बन कर
नामालूम सिम्तों से
घुमड़ती हुई
हमारी ओर चली आती है
और फिर हमारे साथ-साथ ही
परछाईं की तरह चलने लगती है
और अख़ीर में
जिसका मुड़ा-तुड़ा पीला पन्ना
हमारी क़ब्र पर भी
एक परिंदे की तरह फड़फड़ाता है

इसलिए प्यारे दोस्तो!
कविता सब कुछ तबाहो-बर्बाद हो जाने के बाद भी
एक नई शुरुआत करने के लिए
सबसे भरोसेमन्द नक़्शा है
सबसे ज़रूरी दस्तावेज़ है
सबसे पुरबार ख़ाब है।

[2023]

आने वाले कवि से

मेरे शापित एकान्त में
कौन आएगा मेरे बाद?
मेरे जूतों में आ पाएँगे
किसके पाँव?
कौन खोलेगा मेरा दरवाज़ा
आधी रात?
कौन लेने आएगा खोज-ख़बर
उस ध्वस्त मकान का
जिसके साये में मैंने
धूप का टुकड़ा छुपाया?
कौन छेड़ेगा मेरे साज़ के तार मेरे बाद?
कौन बोलेगा फिर से मेरी ज़ुबान?

आने वाले मेरे प्रिय कवि
मत हटाना
मेरी क़ब्र का एक भी पत्थर
मेरे अधूरे वाक्यों को मत करना पूरा
मेरे रूपकों की मत करना मरम्मत
पुराने तर्ज़ कहाँ आ सकेंगे तुम्हारे काम!
तुम्हें सब कुछ चाहिए होगा नए सिरे से
तुम्हें नहीं लड़नी मेरी अधूरी लड़ाइयाँ

तुम्हें नहीं चुकता करने मेरे हिसाब
तुम्हारा दौर कोई और होगा
तुम्हारे मार्के कोई और होंगे
तुम्हारी दुश्वारियाँ जुदा होंगी मुझसे
मेरे पास नहीं मिलेंगे तुम्हें
अपने सवालों के कोई भी जवाब
मत आना
मेरे यश के साथ
महकता गुलदस्ता लेकर
मेरी क़ब्र पर
जबकि मेरा कंकाल
करवट बदल चुका होगा
तुम्हारी दुनिया से
हमेशा के लिए।

[2023]